技術哲学入門

ポスト現象学とテクノサイエンス

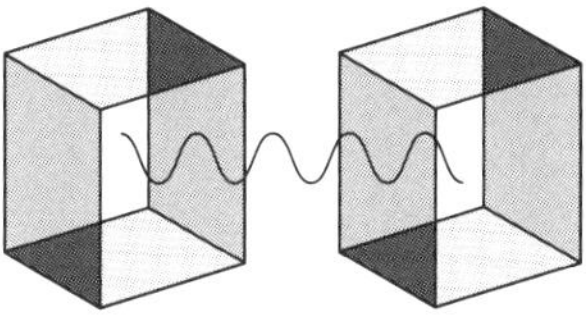

POST PHENOMENOLOGY AND TECHNOSCIENCE

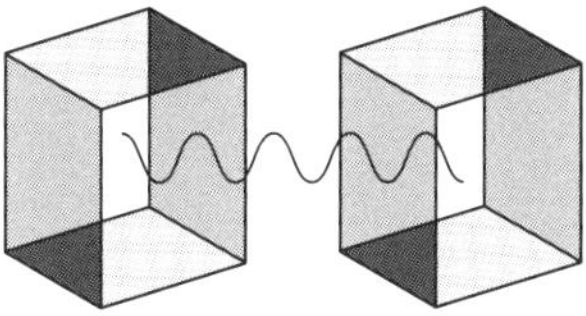

Don Ihde
ドン・アイディ［著］

稲垣諭・増田隼人・沖原花音［訳］

晶文社

POSTPHENOMENOLOGY AND TECHNOSCIENCE
The Peking University Lectures
by Don Ihde

装丁⦿岩瀬聡

イラスト⦿津久井直美

イントロダクション

二〇〇五年の夏、私がジン・シピン（靳希平：Jin Xiping）教授と出会ったとき、彼はコピー機の前に立って中国では入手不可能な資料のコピーをすませようと慌ただしくしていた。私は彼がフッサールとハイデガーの研究者で、何年もドイツで研究し、そして今は北京大学の哲学科主任であることを知っていた【1】。彼の手が空くたびに私たちは、リチャード・ローティであればそう名づけるようなはるかに長引く、断続的な「会話」を行った。

シピンは、私のテクノサイエンスにかかわるセミナーについて認識していたので、おのずと会話は自然と技術哲学についてのものとなった。予想通りその会話は、折に触れてハイデガーへと、つまりハイデガーの技術への「問い」に向けられることになる。シピンは

【1】――シピンは北京大学の哲学研究科とヘレニズム期研究センターの会長であった。以下参照。https://www.fu-berlin.de/en/sites/zds-peking/profil/mitglieder/jin_xiping/index.html

私に、多くの中国の哲学者がハイデガーに抱く深い共鳴について、正確には、私が批判したハイデガーの［哲学の］特徴のひとつ、ロマン主義への深い共鳴について語った。これは驚くべきことではなかった。なぜなら古代中国の伝統もまた自然への深い畏敬の念を抱いていたからだ。同様に私は、多くの場所でこのノスタルジアに直面していたし、技術哲学についてのセミナーを行った旅先でも等しく、ロマン主義的なヨーロッパを多々目にしていたことから、特に驚くことではなかった。

しかし会話がさらにつづき、私がなぜロマン主義がハイデガーをディストピア的で、歪曲された技術哲学へと導いたのかについての考えを説明する中で、シピンは私を驚かせることになる。彼は、ハイデガーが例示した自然のロマン主義の一部に深く共感していたにもかかわらず、それと同時に、**そうした技術の哲学が今日の世界ではうまくいかず**、当然それは、現在の中国においてもそうだと見越していたからである。

私たちがこの一連の会話を終えたのは、シピンが私に北京大学においてテクノロジーに関するポスト現象学の連続講演を行うよう依頼した後であった。これは第二の驚きでもあったが、それによって本書『技術哲学入門：ポスト現象学とテクノサイエンス』が誕生することになる。

私はこの会話の前に一度だけ中国を訪れたことがあった。それは二〇〇四年のことで、滞陽の東北大学のチン・ファン（陈凡：Chen Fan）教授によって、アンドリュー・フィーンバーグ、ラングドン・ウィナー、そして私の三人が、技術哲学についての四つのセミナーシリーズを行うよう招待されていた。中国という潜在的な超大国への初めての旅であったし、海外の技術哲学者たちが、東北大学に招かれた初めての機会でもあった。私たちのセミナーは中国語に翻訳され、その成果として（英語タイトルで）『グローバル時代における技術哲学研究』（二〇〇六）が出版された。そのセミナーは主に、技術哲学における私たち自身の研究についてのものだった。

この旅の経験は、ベテランといってもいい私たち中華料理の美食家にとっても、ほとんどなじみのない何百種類もの料理から、製鉄所の見学だけでなく、中国の技術的近代化への動きの巨大なダイナミズム全体を感じることまで、見事なものであった。この経験があったから、その一年後に、私が予想していた「大陸［哲学の］」スタイルで解説とコメントをつけるヨーロッパ－アメリカ哲学の一連の講義ではなく、ポスト現象学に関する講義が実現することになったのだろうか。あるいは、もっと以前に中国を訪れた哲学者の残響のおかげなのだろうか。

ジョン・デューイは、一九一九年から一九二一年まで中国に長期滞在していた。デューイは彼の哲学についての講義を行う中で、二〇世紀初頭の革命前の中国において、教育に関するプラグマティックな見解と草の根民衆政治についての彼の考え方を受け入れる耳をもつ人々がいることを見出した。とはいえ、彼のリベラリズムが受け入れられることはなかった。デューイの学生であり、ホストでもあったフー・シー（胡適：Hu Shih）は、デューイのプラグマティズムを（政治活動や革命にとって、というよりはむしろ）教育と文化改革における近代化のための解決法を見出すものと解釈した。

中国への旅行を経験した研究者たちは、中国文化それ自身とプラグマティズムとの親和性が高いことを見出している。私が望んでいる関係性、つまり**デューイのプラグマティズムを現象学へと実り豊かに展開すること**、それこそポスト現象学なのであるが、それもまたおよそ一世紀後に中国でその共鳴を呼ぶことになるかもしれない。

二〇〇六年四月に北京で行われた四つの講義、本書では四つの章に当たるものは、中国語の本として出版された。スポンサーは、北京大学外国哲学研究所長のジン・シピン教授と、北京大学科学社会研究所長のウー・ゴシェン（呉国盛：Wu Guosheng）教授である。北京（Peking）大学は、講義の開催地である北京市がBeijingというスペルに最近標準化されたにもかかわらず、その過去の歴史に敬意を表して元の名前を維持している。

中国では、中国語以外の言語での講演はすべて、事前に［資料が］準備されているのが一般的なので、参加者のためにイラストも入った完全な冊子を印刷しておいた。［アイディが所属していた」ストーニー・ブルック大学の技術科学研究セミナーの参加者にもコピーを配布した。何人かのベテランのセミナー参加者からは、この講義は、過去一〇年のポスト現象学の豊かな展開をまとめたもので、このスタイルの哲学の良い入門書になるだろうとの指摘があった。これが、北京大学の講義の英語版を作成する動機の一つである。「中国という」異なる文化からの新しい聴講者と、ポスト現象学とテクノサイエンスに触れる英語圏の新しい聴講者の間には明確な平行関係があった。

本書のプログラムは以下のようにシンプルである。

第1章の「ポスト現象学とは何か?」は、プラグマティストの導きの糸と科学研究の経験的転回が、私が活用する現代現象学へとどのように組み込まれるのかを記述し、説明する。

第2章「テクノサイエンスとポスト現象学」では、技術(テクノロジー)の哲学の簡潔な歴史を跡づけるが、その際、それは**テクノサイエンス**という現代的なアイデアへ向かって展開していく。

第3章「見えないものの可視化——イメージング・テクノロジー/画像化技術」は、本書の「経験的転回」の事例として、画像化技術の一〇年間の具体的な研究をまとめたものである。

第4章「事物は語るか?——物質の解釈学」では、先のリサーチプログラムの成果を、それまでのものと並行しながら、人文科学や社会科学へと還元する、より新しい研究プログラムが記述される。

『技術哲学入門:ポスト現象学とテクノサイエンス』は、本書がオリジナルの内容である。とはいえ、各章は以前の著作で用いられたものであり、その内容は巻末に書誌情報として掲載されている。そのような既刊書は、二一世紀以前に、私が最も頻繁に旅をしていたヨーロッパと北米を中心に、会議、ワークショップ、セミナーなどさまざまな場で発表されたものだ。

中国は、韓国や日本と並んで、最近ではますます技術哲学の研究者の受け入れ先となっており、まだ若いこの学問分野への関心が高まっている。実際、北京での講義以来、私は二〇〇七年にもう一度中国を訪れ、上海の上海社会科学院(トウ・シジュン(童世竣:Tong Shijung)、ユ・センモウ(俞宣孟:Yu Xuanmeng)の両教授がホスト)、そして広州の華南理工大学(ウー・ゴリン(吴国林:Wu Guolin)教授がホスト)へと赴いた。

そのとき依頼されたテーマもすべて現代的なものであり、最初の会場では最先端の科学哲学について、次の会場では技術哲学についての講義が行われた。セミナーは私自身の研究プログラムを中心としていたことから、三回の訪問はいずれも現代的なものにかかわるものであり、ますます相互接続が進むグローバルな世界の技術科学的な（テクノサイエンス的な）テクスチャーに関連したものだった。

この短いモノグラフを作成するにあたり、中国のホストと聴講者に加えて、とても参考になる編集上の助言を与えてくれたレノア・ランスドルフ氏、長年にわたって私がプラグマティズムに馴染めるよう鼓舞してくれ、さらにデューイに関する事実の修正も行ってくれたラリー・ヒックマン氏、そして、本書出版に関心を示し、助力いただいたニューヨーク州立大学出版局の編集長ジェーン・バンカー氏に感謝したい。

そしてとりわけ、長年にわたって私の作業中の作品を読み、応答してくれたストーニー・ブルック大学のテクノサイエンス研究セミナーの多くの参加者に感謝したい。索引は、その同じゼミのメンバーであるフランシス・ボッテンベルク氏によって作成されたものである。

技術哲学入門

ポスト現象学とテクノサイエンス

目次

第1章

ポスト現象学とは何か?

本書は、四つの章において、私のバックグラウンドである現象学と解釈学に由来しつつ、科学とテクノロジーに方向づけられた極めて現代的なパースペクティヴの展開を提供するものである。本書のサブタイトルにある**ポスト現象学（postphenomenology）**と**テクノサイエンス（technoscience）**というのは、私が創作した特別な用語である。**ポスト**現象学［という語］は、明らかにそのルーツを現象学のうちにもっている。が、それは二一世紀における歴史の変化を反映させた上で熟慮された現象学における適応、あるいは変化を意味する。それと並行して、**テクノ**サイエンス［という語］は、現代の科学・テクノロジー研究に応じた歴史的変化を反映している。私が深く確信しているのは、二〇世紀が哲学、科学、テクノロジーにかかわる根本的な変化をもたらしたということである。そして、このことは明らかに、これら三つの現象の**解釈**にかかわる事柄でもある。これを私は、英語圏の国々で「サイエンス・ウォーズ（science wars）」と呼ばれる事件への言及を通して描き出したいと思う。

サイエンス・ウォーズのアメリカ版は、学術誌『ソーシャル・テクスト』における論文「境界を侵犯すること：量子重力の変換解釈学に向けて」が一九九六年に出版されたことから始まった、と考えてもいいだろう。著者のアラン・ソーカルは、それほど知名度があるわけではない物理学者だったが、彼の論文は文学理論家や人文学者の無知を暴き出すために意図的にでっち上げられたものであった。『ソーシャル・テクスト』は、ラディカルな文学理論の学術誌であるが、その編集委員会は、そのでたらめな論文をまんまとアクセプトし、雑誌掲載したことで笑いものにされてしまったのである。そして、これにかかわるすべての事柄が、アカデミー業界や新聞、インターネット上で拡散された。

大雑把にいえば、この「ウォーズ（論争）」とは、科学が普遍的に妥当する特権化された知のモードであり、文化や価値から切り離されているか否かに関する問題であった。「科学戦士たち」はこれを肯定するスタンスを取っていたことになる。このデタラメと非難の矛先となった文学者たちは、科学への攻撃者と考えられていた。彼らはすべての知識のモードは単に主観的で、普遍的かつ絶対的な真理を否定する相対主義者だと主張されたのである（ここでターゲットにされたのは、脱構築主義者やフェミニスト、「社会構築主義者」であった）。この大規模に拡散された議論は、当然、ソーカルを「リッチで有名」にし、その余波に乗って彼は、本や記事、テレビショーなどに続々と取り上げられることになった。

これはアメリカ版［のサイエンス・ウォーズ］であるが、すでに私が著書『テクノロジーと生活世界』（一九九〇）で指摘していたように、この一連の論争に先行してイギリス版［のサイエンス・ウォーズ］が起こっていた。一九八七年、科学雑誌として人気トップのひとつ『ネイチャー』に、二人の物理学者、T・テオカリスとM・プシモプロスによる「科学が誤ってしまった場所」という意見記事が掲載された。

彼らの主張は、とりわけサッチャー時代における〔科学に対する〕支援や資金の減少であり、それを**科学哲学者**の相対主義が原因だとするものである。その記事の見出しには、ポール・ファイヤアーベント、イムレ・ラカトシュ、カール・ポパー、トーマス・クーンの顔写真が載せられていた。その異議申し立ては、彼ら科学哲学者が、科学によって生み出された普遍性や絶対性、価値や文化から独立した知識への信頼を傷つけているというものであった。この議論は、後のソーカル事件ほど一般に広まることはなかったが、『ネイチャー』誌上では編集者に打ち切られるまで一年以上もつづいた。

どちらのケースにおいても、この「論争／ウォーズ」とは、科学が知識として非文化的、非歴史的、普遍的、絶対的なものとして理解されるべきなのか、あるいは、それは人間の歴史や文化に埋め込まれていて、他の実践領域で起こるような一般的な人間に備わる可謬性を含んでいるのかどうかをめぐるものだった。ここで、これらの事件を異なる仕方で**再構成する**ことを許してほしい。これらの「論争／ウォーズ」は**解釈の論争**と見ることができるのだ。つまり、これらの出来事や論争が起きたコンテクストには、以下の問いが含まれていた。すなわち、

何が科学の最も適切な解釈であるのか？
誰がそのような解釈を行う権利をもつのか？
どのようなパースペクティヴからそれぞれの解釈が成立しているのか？

である。私が取り上げた上記の二つの事例では、科学の専門的な解釈者の役割を演じていたのは物理学者であった。しかし他の人々はどうだろうか。哲学者や歴史学者、社会学者はどう考えるだろうか。要するに私は、これらの現象を私たちが「解釈する」ことを提案している。

以下で私が紹介するコンテクストとは、二〇世紀から二一世紀の間であり、大まかには一九〇〇年から二〇〇六年までの期間に限定されている。

二〇世紀初頭の科学の解釈に関して、最もよく知られた解釈者の多くは、科学者としてのトレーニングを受け、実際に研究も行っていた哲学者である。そこには一九一〇年代のピエール・デュエムやエルンスト・マッハ、アンリ・ポアンカレが含まれている。これら思想家は、数学と、場合によっては物理学の訓練も受けていた。要するに彼らは「科学の」**内部者**なのであり、そのため**内在主義的な**解釈として知られている。同様に、歴史学者が科学の解釈に興味をもち始めたときも、彼らは科学のトレーニングを受けていたし、科学史を偉大な人物が偉大なアイデアを手にして偉大な理論を生み出すという、英雄の歴史として見ていた。こうした歴史観は、今でも多くの科学者から好ましい科学の歴史として支持されている。

ここでこの時代を回顧してみると、科学哲学において**実証主義**と**現象学**という変項が出現してきたことを認めることができる〔※この変項という概念については後述／訳者解題参照〕。一方では、有名なウィーン学団が、他方ではフッサールを含むゲッティンゲン学派が形作られた。フッサールの当初の研究領域が論理学と数学であったことを思い出してほしい（！）。一般化していえば、事実上、初期の**内在主義的な**解釈者たちの誰もが、科学に基づいて自分たちの解釈をモデル化する傾向にあったのだ。フッサールの初期現象学も、それ自体が精密な科学／学問であると考えられていた。現象学は、その始まりから、科学の解釈論争初期のプレイヤーだったのである。

しかしこれらすべてのことが、二〇世紀半ばには変わり始めていた。第二次世界大戦の勃発までにフッサールは亡くなり、実証主義者の多くはアメリカへと移住してしまった。彼らはそこで、アメリカの科学哲学のほとんどをそのまま引き継ぐことになる。実際に、多くの移民した哲学者たちは、哲学とはそのまま科学哲学と等しいと信じていた。とはいえ、こうした姿勢が揺るがなかったわけではなく、以下ではその歴史を簡潔に辿ってみたい。

●一九三〇年代から一九五〇年代にかけての科学哲学には、論理実証主義、あるいは論理経験主義が根強く残っていた。そこでの科学のイメージは「理論製造マシーン」のようなものであり、それは論理的な一貫性と実験によって検証されていた。

●一九五〇年代から一九六〇年代までに、科学哲学に新しい反実証主義者の集まりが出現した。『ネイチャー』論争で言及されたトーマス・クーンとその同胞である。彼らは科学実践の概念に歴史と革命をつけ加えた。この反実証主義は、理論中心「的な解釈」にとどまりはしたが、初期の論理主義に不連続な現象を付与した。歴史的な特異性が、解釈された科学の一部となり、パラダイムはシフトする。こうした歴史の感受性によって科学のイメージが豊かになり始める。反実証主義者たちは、線形で、累積的な歴史の軌道というよりはむしろ、「パラダイム・シフト」と断続する不連続性に満ちた物語／ナラティヴを提示したのである。

●一九七〇年代には、新しい科学的知識の社会学が現れる。「社会構築主義」と「アクター・ネットワーク理論」であり、それらは科学を社会的、政治的、構築的次元において調査する。科学は特定の社会実践のひとつとして捉えられ、その成果は交渉されたものであり、構築されたものであるとみなされるようになる。

●一九八〇年代に、新たな技術哲学（ポスト・ハイデガー主義、ポスト・エリュール主義、ポスト・マルクス主義）が、科学それ自身が**技術的に身体化されている**という認識を導入する。それによれば実験道具や実験室なしでは科学は存在しなかった。

●一九八〇年代後半と一九九〇年代には、フェミニスト哲学が、科学実践における家父長的なバイアスを突き止め始めた。それは、場合によって進化における生殖戦略の新たな理解を導くことになる。科学は文化的実践の中でしばしばジェンダー化されているものとみなされるようになった。

上記のような複合的な成果が、サイエンス・ウォーズの科学戦士たちのリアクションによって非難されたのであるが、それは以下のことである。

つまり、科学は今や、文化的に完全に変容するもので、歴史的、偶発的、可謬的、社会的なものとみなされ、その成果がどのようなものであっても、その知識は実践から**生み出**

されるということである。

私は二〇世紀の終わりまでには、科学の分析哲学的アプローチに属する人たちでさえそのような譲歩を行ったと見ることができると主張したい。たとえば、ノートルダム大学で、権威的な科学の分析哲学部門のエルナン・マクマリンは、『科学の社会的次元』（一九九一）という本を編纂し、現在の科学像は、「理論製造マシーン」のイメージと比べて、より豊かなものになっていることを明確に認めている。そしてラリー・ローダンは、科学の分析哲学の多様性を論じた彼の著書『科学と相対主義』（一九九〇）において、今や誰もが「可謬論者」であると宣言している。

私はこれを二〇世紀末のコンセンサスだと理解している。そのことは、解釈者の幅が広がり、より多様になったことによってもたらされたものだ。とはいえ、振り返ってみると、解釈者の領域が現在のように拡張されたことも二〇世紀における科学と技術の明白で大規模な変化へのひとつの応答として理解できるのかもしれない。

たとえば一九〇〇年から二〇〇六年にかけて、ビッグ・サイエンスやコーポレート・サイエンス、グローバル・サイエンスが流行していることが分かる。マンハッタン計画からヒトゲノム計画へ、物理学から生物学を網羅するビッグ・サイエンスが存在する。そして同様に、テクノロジーの急激な変化もより一層明らかであろう。一九〇〇年には航空機も原子力もコンピューターやインターネットその他もろもろも存在していなかったが、現在ではまさにそれらが私たちの生活世界のテクスチャーに織り込まれている。

そしてここからが私の腕の見せ所である。私は哲学、とりわけ現象学をまさにこの場面に置き入れ、それを解釈し、判断したいのだ。しかも、これまで科学と技術を解釈するのに用いられたものと並ぶ、一連の解釈の変化を通してそうしたいのである。現代的なパースペクティヴから見れば、哲学とは、現象学とは何であるのか？　哲学もまた自身の歴史的コンテクストとともに変化するし、変化しなければならないと私は主張する。このことが、古典的な現象学を現代的なポスト現象学に変容させる私の企てを生み出したことになる。

さて以下では、現象学的な哲学を、上記と関連する一九〇〇年から二〇〇六年までのほぼ同じ期間で概観してみたい。

まずは、現象学とプラグマティズムの相互関係から見ていこう。

第一ステップ――プラグマティズムと現象学

ヨーロッパの現象学とアメリカのプラグマティズムは、歴史的には同時期に生まれている。どちらも**経験**をその分析の中心的役割に置いた新しいラディカルな哲学であった。プラグマティズムは、ウィリアム・ジェイムズ（一八九八）によって初めて唱えられたといわれているが、ジェイムズは、それをチャールズ・サンダース・パースに負っていると自覚していた。ウィリアム・ジェイムズはまたフッサール［の現象学］の初期に大きな影響を与えていたが、プラグマティズムの方はというと、とりわけジョン・デューイに取り上げられることで注目されることになった。

特筆すべきは、フッサールもデューイも一八五九年生まれであり、デューイの方がフッサールよりも長生きしたものの、二人の哲学的発展は年代的に並行していることだ。しかも彼らの生まれた年は、ダーウィンの『種の起源』の出版年と同じであることも付記しておこう。あるいは［本講義が行われた前年の］二〇〇五年はアインシュタインの黄金期である一九〇五年から一〇〇年目に当たるが、その一九〇五年にデューイはどうだったかというと、彼はコロンビア大学にいた。この時期の彼は、シカゴ大学で初期の実験学校の設立も行っており、すでに教育哲学における有名人であった。一方、一九〇五年のフッサールに目を向けると、彼は内的時間［意識］に関する講義を行っていた。

この世紀の変わり目における歴史的で哲学的なコンテクストからいえば、プラグマティズムとフッサールの現象学の間には似通ったところもあるが、微妙なニュアンスの差異もあった。そのことは、**プラグマティズム**という用語それ自体のなかにも微妙な仕方で示されている。デューイは、彼の著書『アメリカのプラグマティズムの発展』（一九二五）において、こう述べている。

「プラグマティック／実用的（pragmatic）」という語は、それをアメリカ固有の概念とみなす人々の意見とは異なり、カント研究と関連して（パースによって）提起されたものである。……『道徳の形而上学』［原題は『人倫の形而上学の基礎づけ』］においてカントは、**プラグマティック／実用的（pragmatic）**と**プラクティカル／実践的（practical）**とを区別している。「プラクティカル」は、カントがアプリオリと見なす道徳法則に適用されるのに対し……、他方でプラグマティックは**経験に基づき、経験に適用できる**技芸の規則に適用される［強調はアイディによる］【2】。

周知のように、デカルトとカントは、フッサール現象学の展開においても重要な役割を果たしている。ただしそこで彼らが果たす役割というのは**認識論的な**デカルトであり、カントである。ところがパースによって用いられたのは、**道徳的で**「実践的な」カントなのだ（！）。プラグマティックということで強調されるのは、**実践**であって、**表象**ではない。

表象から離れて実践へと向かうこの運動は、実際、二〇世紀後半の科学解釈のスタイル全体で改めて繰り返されることになる。

［プラグマティズムと現象学の］カントに対するこのように異なる立ち位置は、微妙なニュアンスを含むが、私はこの違いに基づいて以下のような大胆な推測を行いたい。フッサールは、デカルトやカントの認識論を用いることで、「主観／客観」、「内的／外的」、「身体／精神」、さらには「自我」や「意識」といった初期近代（early modern）の語彙を必然的に用いざるをえなかった。彼の［現象学の］試みが、さまざまな**還元**を用いることで、これらの語彙の使用法を**転倒させる**ことにあったのは明らかである。が、これらの語彙は初期現象学に埋め込まれたままである。

つまり、これら専門用語を用いて初期近代の認識論を克服しようと試みたことによって、古典的な現象学は哲学の「主観的」スタイルとして理解され、解釈されるよう決定づけられてしまった、と私は思っている。［それに対して］表象の代わりに実践の語彙から始めることによって、プラグマティストたちはこの問題を回避した。このアイデアに共鳴する現

【2】――John Dewey. *The Philosophy of John Dewey*, ed. John J. McDermott（New York: Putnam, 1977）, p.42. J・デューイ「アメリカにおけるプラグマティズムの展開」『プラグマティズム古典集成』所収、植木豊編訳、作品社、2014年、334頁。

代のプラグマティストに耳を傾けてみよう。リチャード・ローティは次のように述べている。

プラグマティストは、真理について何か有益なことを語ることができるとすれば、それは理論よりも実践、観想よりも行為のボキャブラリーだと私たちに伝えている……。私のプラグマティズムへの第一の特徴づけとは単純に、「真理」や「知識」、「言語」、「道徳」といった観念、またはそれらと類似した哲学の理論化の対象に適用される反本質主義である。……つまりプラトン哲学の伝統はその有用性を失効したのだと、プラグマティストは理解している。これは、彼らがプラトン哲学の問いに対して提示できる非プラトン的な解答を新たにもっていることを意味するのではない。むしろ彼らは、それらの問いを問うべきだとはもはや考えないのである【3】。

改めてデューイに戻ると、彼の初期の著作には新たな科学、すなわち**心理学**についての論考が多く含まれている。デューイにとって乗り越えられるべき時代遅れの哲学者はデカルトよりもロックであったのだが、この心理学は**意識**を分析することを提案した。たしかにフッサールも心理主義の問題に取り組んではいたが、デューイはより素早く、その核心へと踏み込んだように思われる。彼にとって心理学における「意識」はひとつの**抽象**であるが、それに対して経験はより広く、他の次元に必然的に関係している。だから「もし心理学が扱う個人が、結局のところ、社会的個体であるならば、たとえ科学的な目的のためであれ、自己満足的な目的のためであれ、意識の領域を［社会から］切り離したり、分離させて絶対化することは**あらかじめ非難されるものとなる**」［強調はアイディによる］【4】。

フッサールのデカルト的転回は、「すべての主観性が間主観性である」ことを含んでいるが、そうした認識に達したのはフッサールが晩年になってからである。ここでは詳述できないが、どうしてプラグマティストが初期近代の認識論の問題に素早く対応できたのか、その手がかりのひとつは「心理学」には生物学的で、進化的な次元が存在するという認識のうちにあったのかもしれない。簡単にいえば、デューイが、彼の述べる変形する実践を示すのに頻繁に用いるモデル、あるいはメタファーとは、主観／客観モデルというよりは

【3】――Richard Rorty, *Consequences of Pragmatism* (Princeton, NJ: Princeton University Press, 1982), p.197.　R・ローティ『プラグマティズムの帰結』室井尚・吉岡洋・加藤哲弘・浜日出夫・庁茂訳、ちくま学芸文庫、２０１４年、24、４４６‐４４８頁。

【4】――J. Dewey, *The Philosophy of John Dewey*, p.161-162. Ｊ・デューイ「「意識」と経験」『デューイ著作集２ 哲学２ 論理学理論の研究、ほか　デモクラシー／プラグマティズム論文集』所収、國崎大恩訳、東京大学出版会、２０２３年、２１８頁。

むしろ、有機体／環境モデルなのである。再び、デューイの初期の著作に目を向けてみよう。

正統な見方では、経験とは第一義的に知識の問題だとみなされている（ロック／デカルト）。しかし、古代の光景から見ていないまなざしにとって経験とは間違いなく、生物が物理的・社会的環境と相互に干渉する問題として現れる【5】。

この生物／環境モデルは、デューイにとって「実験的（experimental）」でもあり、したがって過去あるいは現在よりも未来に向けられたものである。「この活力にあふれた形式における経験とは、実験的であり、与えられているものを変化させる努力のことである。それは予測、すなわち未知のものへ到達することによって特徴づけられる。未来とのコネクションが、経験の顕著な特徴である」【6】（興味深いことに、この未来の強調は、フッサールよりもハイデガーに近いように思われる）。

デューイはこのモデルをある意味で「生物学的」に理解し、それはウィリアム・ジェイムズの心理学のひとつのフェーズに、そしてダーウィン［の進化論のフェーズ］にも属していると考えていた。というのも、ダーウィンによる時間を通じた変化というアイデアもまた、まさにこの点を示しているからである。私の主張を繰り返すと、経験をこのように理解することは、デカルトに由来する「主観／客観」の回り道をショートカットし（デューイの場合はロックだが）、もっと直接的に**生活世界の分析**のようなものを指し示しているということである。

たしかに私には、事後的に物事を振り返って見られるという利点がある。つまり私は、デューイとフッサール、プラグマティズムと現象学を、一〇〇年後の視点から考察することができる。とはいえ、その当時、プラグマティズムから利用できるリソースが存在していたことに変わりはなく、もしフッサールがそれを用いることができていたならば、私が**ポスト現象学**と呼んでいる道筋に沿って、**非主観的で相互関係的な現象学**をフッサールも生み出していたはずである。これが、私がここでフッサールとデューイを並行させて論じた理由である。彼らはまさに同時代人であった。プラグマティズムをこのように現象学に接続することが、ポスト現象学の軌道の第一ステップとなる。

【5】——Ibid., p.61. J・デューイ「哲学の回復の必要」『プラグマティズム古典集成』所収、植木豊編訳、作品社、2014年、485‐486頁。
【6】——Ibid., p.61. 邦訳同書、486頁。

第二ステップ——現象学とプラグマティズム

第一ステップにおいて私は、プラグマティズムが行った初期近代の認識論の脱構築が、初期の現象学が直面した主観主義と観念論の問題を回避することで、現象学の始まりをより豊かにできたのではないかと提起した。

私は第二ステップにおいてこのプロセスを反転させる。つまり、私がここで提案するのは、現象学が歴史的に展開してきた、経験を厳密に分析するスタイルは潜在的に**実験的**であり、したがってプラグマティズムと関係するということだ。デューイが経験に基づいた彼の哲学で強調したことは「実験的」であったし、ときにそれは「道具的」とも呼ばれていた。ここで私が主張したいのは、フッサールの現象学に内在する方法が、もしプラグマティズムに応用されていれば、その実験的分析をより豊かにしていただろうということだ。以下では、フッサールのテクストに基づく観察に立ち返るというよりも、それを前提として認めた上で、現象学から三つの要素を抜き出し、経験的なものの厳密な分析がどのように形作られるのかを示したい。

その三つの要素とは、**変更理論**（**variational theory**）、**身体化**（**embodiment**）、そして**生活世界**（**lifeworld**）の概念である。現象学者は、これら三つすべてが、フッサールの中に見つけられると認めるだろう。が、私としては、身体化はフッサールの後にメルロ＝ポンティによってはるかに豊かなものにされたし、生活世界の文化的－歴史的次元と呼ばれるものは、同様にハイデガーによってより豊かにされたと主張したい。それぞれのアイデアは、古典的現象学に由来していても、今もそれぞれが現代的なポスト現象学においてその形と役割を担っている。

ではまずは、**変更理論**から始めよう。フッサールの初期の用法において（もともとは数学の変分理論に由来する）もろもろの変項は、**本質的な構造**ないしは「本質」を見極めるために必要とされた。この変更理論は、何が変項であり、何が不変項であるかを見極めるために用いられる。私はこの技法を、どんな現象学的分析においても非常に重要なものだとみなしている。しかも私は、この技法を用いているときに、フッサール的な「本質」以上の何ものかを結果として発見したのだ。何かが創発したり、「自らを示し」てきたりするものは、**多重安定性（multistabiliry）**という複雑な構造を備えている。この現象についての私の最初のシステマティックな実例は、『実験現象学』（一九七七）の中に見出される。私はいわゆる視覚的錯覚を用いて、どのようにして変更という現象学的なアイデアが、単に経験的で、心理学的な手法よりも深く、より厳密な分析をもたらすのかを示そうと試みた。これらの研究の中から三つの事例を用いて実演してみよう。

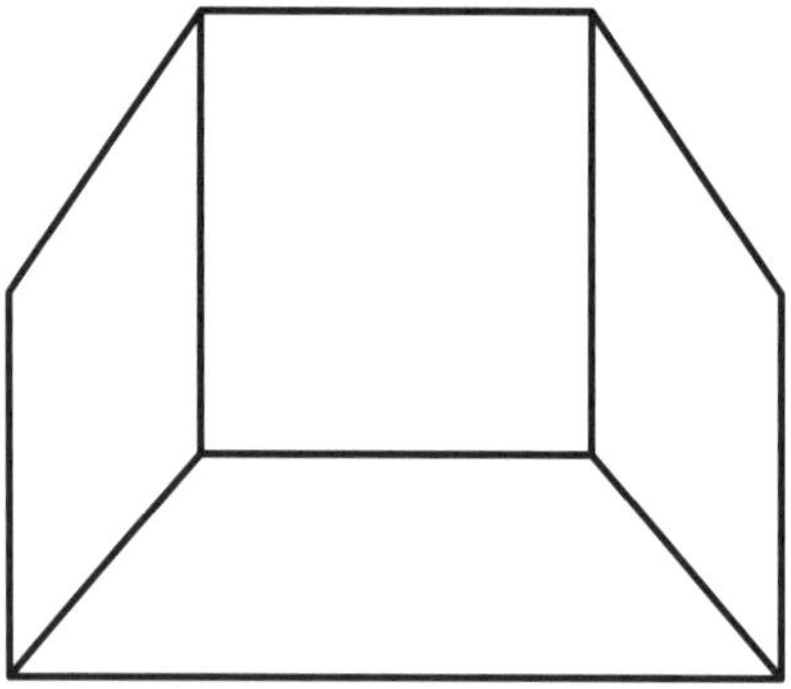

図1.1　多重安定図形A

最初の事例は、この抽象的な図形（舞台／ピラミッド／ロボット）であるが、それはまず舞台設定のように見える。図の底の平面が「演劇等が行われる」舞台で、他の面は背景へと退くことで、はっきりとした三次元性が現れる。ただし、この三次元性の形態が成立するのは、どこからそれを見ているのかという遠近法／パースペクティヴが含まれているからである。ここでのPOVすなわち「視点（point of view）」は、階上席のようなところから、観客が舞台をわずかに見下ろす位置に存在する。ここにはすでに**身体化**もしくは知覚のパースペクティヴが含まれている。

とはいえこれは、ひとつの変項にすぎない。というのも、この**同じ**図形はまったく異なっても見えるからだ。それはもしかすると、中央アメリカのマヤにあるピラミッドのようにも見える（！）。この場合、平らな面の現れが変化する。中央上部の面はピラミッドの最上部の面となり、他の面は下方へと傾斜した面となる。この見え方では、三次元であることに変わりはないが、それはラディカルに再配置されている。しかも、あたかもヘリコプターに乗って上方からピラミッドを見下ろすようなPOVや遠近法が含まれている。ここで注記すべきなのは、これら二つの見え方は非連続的に異なっており、**それぞれは交互に現れ**、結合できないことだ。それらはまったく別個の変項なのである。

余談ではあるが、こうした三次元的反転は、心理学（とりわけゲシュタルト心理学）でも周知のことで「ゲシュタルト転換」と呼ばれる。歴史的にも、最初期のゲシュタルト心理学者は実際にフッサールの弟子だったのであり、私たちはまだ「心理学」から隔たったところにいるわけではない。

では、ここでさらにより深い現象学的な運動を進めることで、別の可能な安定性があることを示してみよう。私のストーリーは、この図形を「頭のないロボット」としても見ることができるというものだ。この場合、以前はピラミッドの面だったものが、今はロボットの身体になる。底の線は、ロボットが歩く大地となり、他の線は腕や脚になる。そしてこのロボットには頭がないからナビゲートのための杖を用いている。「もはや」図形から三

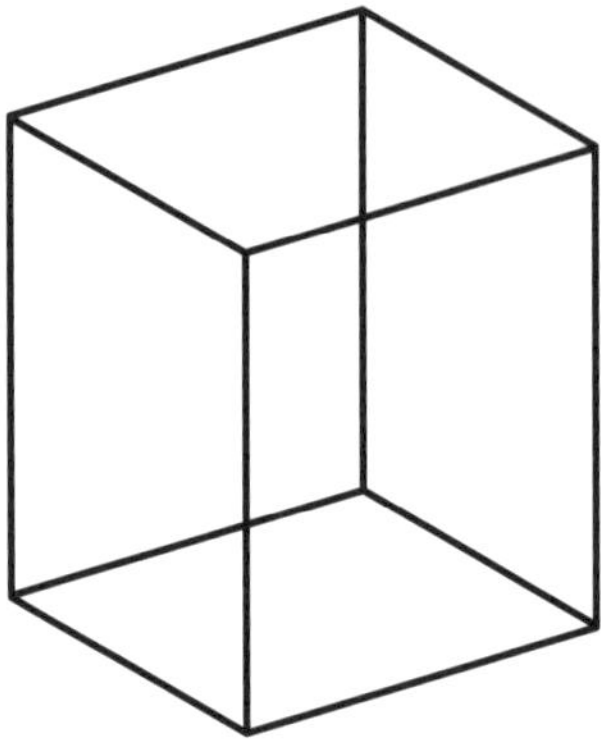

図 1.2 多重安定図形Ｂ

次元性は失われ、シンプルな二次元の形態になる。

しかしここでも注記が必要だ。この二次元の見え方でも、そこに含まれるＰＯＶや身体化された位置は**同様に変化している。今や視点はまさにロボットの目の前にあり、しかもそれは観察者に近づいてくるではないか（！）**。これが完全に現象学的なものの見方であるといえるのは、変化する知覚的プロフィールが、その現れ方と相関し、その現れ方と一緒に変化する変項／隠された知覚－身体体勢を通して吟味されているからであり、今やそれは単なる経験的研究で見つかる以上のものになっているからである。

次の実例は有名なネッカーキューブである。自著『実験現象学』を執筆していたとき、私はネッカーキューブ現象についての研究書をたくさん読んだ。それこそ一〇〇〇ページ以上に及んでいたと思う。それら研究のすべてが三次元的な反転を強調しており、そのうちのいくつかだけが二次元的な変項も認識していた(とはいえ、それは図形のノエマ的な可能性というより、「主体の疲れ」に関連づけられていた)。パッと見るだけで、人はネッカーキューブを三次元的に見て、しかもそれが「傾斜」の転換を伴うものであるのが分かる。ここで注意してもらいたいのは、この転換、つまりPOVもしくはパースペクティヴの位置に、微妙だが検知可能な「二次元への」転換点もあることである。

この図を二次元的な変項にするためには、以下のような新しいストーリーを導入するのがいいかもしれない。これは立方体ではなく、六角形の穴の中にいる一匹の虫であると。立方体を境界づける線は穴の輪郭となり、その中心の平面は昆虫の身体で、その他の直線はその手足となる。今や、この図形は二次元的となり、POVは直接的に昆虫に関係づけられている。

ここまでで容易に分かるのは、このネッカーキューブは、**以前の実例[図1・1]と同じく、いくつかの可能性に関わる構造的なセット**からなり、ポジションの変換や隠された身体化も同じように理解できるということである。とはいえ、経験的研究にかかわる文献の中にも、まれにではあるが、二つの三次元的変項と、ひとつの二次元的変項を指摘していたものがあった。だとすると現象学はまだゲシュタルト心理学よりも深みに達しているとはいえないことになるが、そうではない。それは可能なのだ。

もう一度、前記の図形に戻って新たなストーリーをつけ加えてみよう。さっきまで虫の体だったものは、今度は奇妙にカットされた宝石のファセットとなって前面に出てくる。この中央のファセットの周囲にあるさまざまな表面は、この宝石の異なる切断面である。一度これが見えれば、この図は、その見え方において再度三次元的なものになるが、以前キューブとして見ていた時の仕方とはまったく違う仕方でそうなっているのが分かる。しかも素早く学習できる人であれば、**この宝石の三次元性も反転できる**ことを予想するだろう。宝石の「内側」から、あるいは宝石の底面からもそれを見ることができる。そのときかつて前面にあったファセットは、今では遠退いたファセットではない。

ここまでの流れで私たちは、ゲシュタルト心理学では三つであった変項を、五つの変項にまで「構成した」ことになる。このように現象学的な経験の変更理論は、経験心理学よりも遠くまで進めるものなのだ。

第三の例は、前の二つの例とは少し異なっている。舞台とピラミッドの例、それからネッカーキューブの例のどちらでも諸変項はすべて離散的で、個別のものであり、その転換プロセスも相互に共約可能ではなかった。各々は多重安定的ではあったが、離散的な安定性

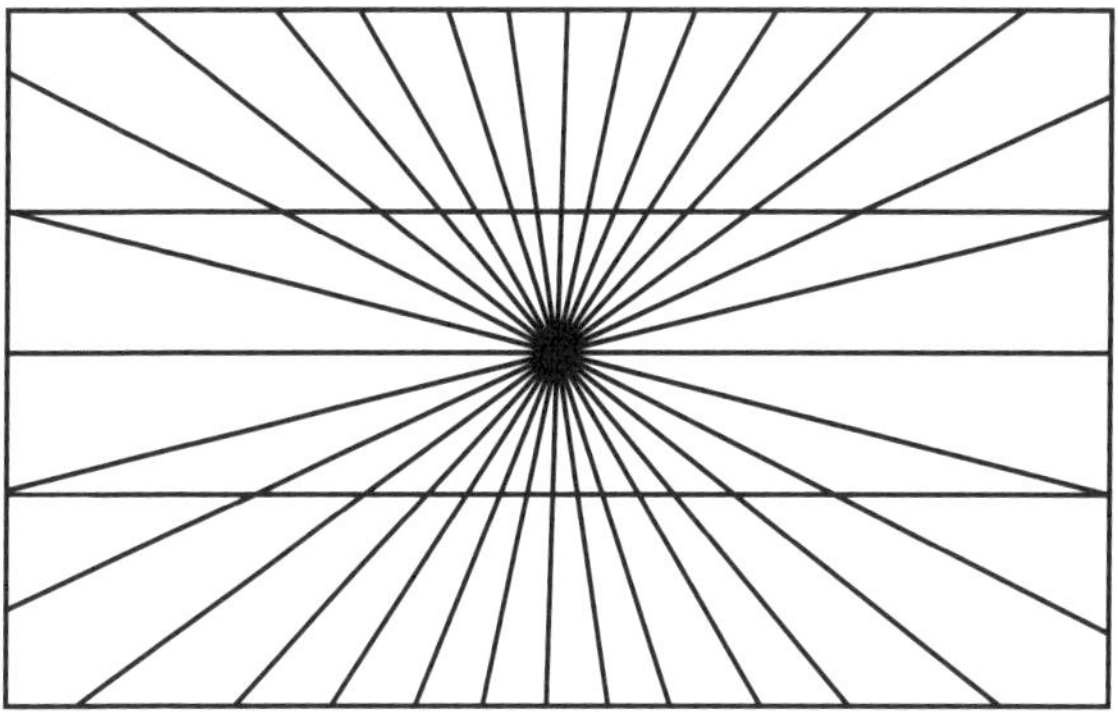

図 1.3　多重安定図形C

であった。［それに対して］この第三の例では、多重安定性の固有性を保ちつつも連続的な現象が見られる。それは有名なヘリング錯視である。この図を見てすぐ分かるのは、二本の水平な線が曲がって「見える（現れる）」のに、「実在的には」直線であるということである（この現れと実在の区別は、近代的な形而上学ではすでに前提されていることであり、この区別こそがこれを「錯視」にしている。当然ながら、現象学的な還元を行うことは、「自らを示してくるもの」の流儀にならって現れと実在の区別を消去する）。

さて、この「錯視」についての私の現象学的な脱構築は以下のように行われる。まず、図の中心の諸々の線が収束する場所に焦点を合わせる。次に、この収束点を無限に離れたところへと「押し出す」。すると［湾曲した］水平な線は

直線になる。今度はこのプロセスを逆にして、無限に離れたその点を、あなたが見ている位置へと引き戻していく。すると水平な線が再び湾曲し、その後、三次元的な反転とともに再び直線になるだろう。ここでも他の事例と同様に多重安定性があり、それは二次元と三次元の変項に関係しているが、直線と曲線とがひとつの連続的な構造を示すコンテクストにも関係している。

経験心理学が想定しているのは、わざとらしい変項によって変化を示すという、蓄積された知見ではあるが深みのない見方である。［それに対して］現象学的な知覚というものは、受動的ではなく、能動的なものである。それは、身体を通して環境と全体的に相互作用する。この点で現象学とプラグマティズムは一致しているが、それについての厳密な実例を提供するのは、現象学的に記述される**諸変項［の理論］**なのである。

私たちは今、プラグマティズムを現象学的に豊かにすることでポスト現象学へと進んでいく第二ステップの途上にいる。上記では、経験分析を厳密に行うための中心的方法を変更理論とみなしたが、そこでは身体化が暗黙の役割を演じていた。挙げられたすべての事例に知覚が能動的に関与することが含まれている。そのことから、身体的知覚が状況づけられたものであり、パースペクティヴ的であるという本性が露呈される。これは、フッサールが古典的な分析において繰り返し［強調し］てきた重要な点でもある（輪郭、潜在的・顕在的な現れ、これらは彼が用いる事例においては固体の立方体にも適用されてきた)。

ここからさらに跳躍するために、**テクノロジー**と関連する実例を用いてみよう。視覚的な「錯覚」を用いることは、とにかく分かりやすいため、変項分析の現象学的な成果としての多重安定性を簡単に実体験させられる利点をもつ。とはいえ、これらの図には、あまりにも単純で抽象的すぎるという欠点もある。とりわけ、これまでの錯覚の事例では身体化の意味合いが弱い。そこでは私のＰＯＶやパースペクティヴは明らかなのだが、私が単なる「観察者」の位置にいるという意味で弱いのである。

そこで次の事例として、太古の昔から存在する、非常に単純で、多文化的なテクノロジーを取り上げてみよう。すなわち、**弓術**(弓と矢)の事例である。私は弓術の歴史をずっと調査しつづけているが、それでも誰がどこで最初にそれを発明したのかについては誰も分からない。私は中国の西安で、中国人が初めに弓術を発明したのだと主張する人物に会ったことがある。テクノロジーの歴史では「中国人が最初に成し遂げたのだ」としばしばいわれるが、弓術に関してはそうではない。

いくつかの矢尻は少なくとも二万年前のものであり、白骨化した骨盤に埋め込まれていた矢尻は一万三〇〇〇年前のものである。さらにヨーロッパのいくつかの矢尻は一万一〇〇〇年前に遡る。それから一九九一年に、イタリアのアルプスで発見された凍結乾燥したミイラのアイスマン（エッツィ）は、炭素年代では五三〇〇年前を示していた。彼は完全な弓矢の一式をもっており、それは三〇〇〇年前の中国の弓矢に関する論説よりも、二〇〇〇年以上早い（とはいえ、**弩（crossbow）**に関しては中国人が最初に発明したという証拠がある。それらのひとつが西安にあり、復元された二輪の馬車とともに展示されている）。いずれにせよブーメランを使用していたオーストラリアや、吹き矢を用いていた赤道付近のジャングル地帯は、弓術が一度も現れなかった珍しい文化であり、それらの場所を除いてほぼすべての古代文化は弓と矢を所持していた。

とはいえ、私がここでこの事例を用いるのは、弓というテクノロジーの実践が先の三つの事例で展開されていた現象学的意味と同様に明確に**多重安定的**であることを示すためである。ではこの事例でも、変項、身体化、そしてより充実した仕方で、生活世界の次元を探し出してみよう。抽象的な意味における弓術とは、弓と弦の張力によって投射物（矢）が投射される「同じ」技術を指し示している。しかし以下で見るように、ラディカルに異なる実践が多様なコンテクストのもとで異なる仕方で適合している。

最初の例はイギリスのロングボウである。しばしばヨーロッパ史で言及されるアジャンクールでのイギリス対フランスの有名な戦いがある。この戦いは国家間の戦いであっただけでなく、テクノロジーの戦いでもあった。フランスはクロスボウを、イギリスはロング

図 1.4　イギリスのロングボウ［図 1.4 ～ 1.6 については、Dr.Max Liboiron による原書のイラストを許可を得てトレースしたものである］

ボウを好んで用いていたのである。どちらも強力な武器である。威力でいえばクロスボウがわずかに勝るが、ロングボウの矢の射る速さに比べると遅かった。この戦いでは、［イギリス軍の］六〇〇〇人の射手が［フランス軍の］三万人以上の歩兵と騎士の前に立ちはだかり、打ち破った。

ここで材料技術と身体技術、そしてロングボウを扱った兵たちの社会実践について考えてみよう。弓矢はイチイの樹木から作られていて普通は約二メートル前後の長さである。弓は立った状態で射手によって握られ、安定した状態で射手の前へと構えられる。弦は、兵士の目に向かって四本の指で引っ張られ、狙いが定まった時点で手が離される。矢は矢筒にあったものか、

図 1.5　モンゴル人の馬上の弓

地面に刺さっていたものであり、その射撃は速かった。

二つ目の例は、モンゴルの騎兵によって中世初期の東ヨーロッパ侵略のさいに使用された馬上での弓術である。騎兵は疾走する馬に乗りながらその弓術を用いた。この馬上の弓術は、モンゴル人による侵略の際の武器として、たしかに弓と矢という意味では「同じ」テクノロジーが用いられている。が、馬に乗った弓術という点でラディカルに別様のアスペクトが現れてもいる。まずその弓は、ほとんどが一メートル弱と短く、（骨、木、皮や接着剤など）複合素材が用いられており、**深くカーブした**加工を施されている。弓の威力はロングボウに似ていたが、矢の飛距離は短く、身体技術も根本的に異なっていた。馬に

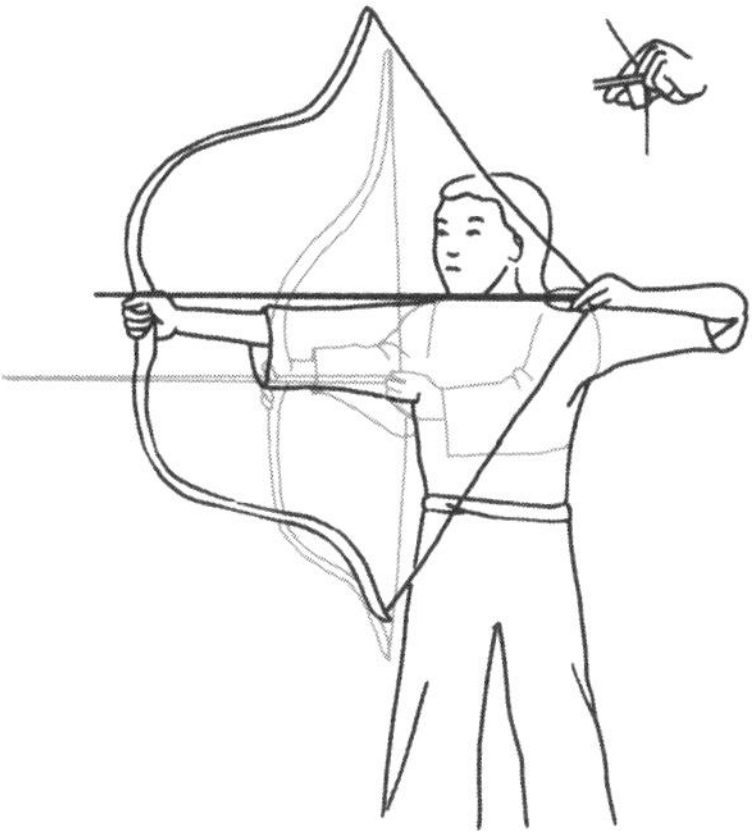

図 1.6　中国の「大弓」の弓（親指の指輪と一緒に）

乗って弓が使われるときには、射手はまず目の近くに弓の弦を構え、そこから弓を前方に押し出すことで素早く矢を射るのである（弓を曲げる加工はされていないが、アメリカン・インディアン〔原文ママ〕も似た技術を、水牛のハントのために用いていた）。

三つ目の例は、大弓の弓術である。これは古代中国の弓術と呼ばれ、近代以前の弓の中では最も強力なものとして知られる。この長く、部分的にカーブする加工を施された弓を引くのに必要な力は一四〇ポンド（約六三キログラム）に及ぶ。この矢を射るには**押すと同時に引く**技術が必要で、しかも親指にはめた指輪を用いて弓の引き方を工夫しなければならなかった（私は二〇〇四年に西安を訪れる前から、この技術について知ってはいたが、西安を実際に訪れたときに弓兵を模した兵馬俑が、このテクノロジーを正確に再現していたのを見て感動した！）。ここで再び見出されるのは、弓の実際の物質性と使用される身体技術、そして文化・歴史的な役割であり、この技術が変項として演じる異なる安定性についてである。

私はここですべての変項を取り上げたと主張しているのではない。そうではなく、これら三つの事例を提示するだけで、技術の物質性と、用いられる身体技術、その実践の文化的コンテクストにかかわる熟慮を含んだ現象学的な変項を示すのに十分だ、といいたいのである。

しかもこれらの変項は、多重安定性において生じる結果を伴う変更理論の重要性と、訓練された実践における身体化の役割、さらには歴史的な文化と環境に関連して異なる仕方で構造化された生活世界の現れ方を説明し、実証している。

私はここまで、現象学に向かうプラグマティズムと、プラグマティズムに向かう現象学の運動を例示してきたが、それはポスト現象学のアウトラインを最初に描き出すために必要だったからである。

プラグマティズムの豊かさには、「意識」が抽象物であり、経験はより深くより広い意味で、物理的もしくは物質的な世界と、文化・社会的次元のどちらにも埋め込まれているという認識が含まれている。プラグマティズムは、意識の哲学というよりも、しっかりと経験を有機体／環境モデルとして見ようとする。

それに対する現象学の豊かさには、より厳密な［経験の］分析スタイルが含まれており、それは変更理論を発展させ、身体化の役割を認識し、それを異なる時代と地域に固有な生活世界へと状況づける。［とはいえ］私がここでポスト現象学と呼ぶものを完全に現代的なものにするには、もうワンステップ残されている。それはすなわち「科学」を含むということなのであるが、もっといえば、現代の私たちの生活世界への「テクノサイエンス研究」によるアプローチを含んでいるということである。

第三ステップ——「経験的転回」

本章は、科学、テクノロジー、哲学に関連する解釈問題から起こった「サイエンス・ウォーズ」を概観することから始めたが、それというのも本節の以下の内容のためであった。私が伝えたいのは、科学やテクノロジー、そして**哲学**が、二〇世紀から二一世紀にかけて全体的に大きな変化を遂げてきたということであり、次章ではこうした変化に焦点が当てられる。それに対して本節では、ポスト現象学のアウトラインを締めくくるにあたり、私はそれを構築するもうひとつのエピソードに目を向けたい。そのためには、私たちは古典的なプラグマティズムと現象学の双方を超えて、技術哲学の領域に立ち入らねばならない。

デューイもフッサールも、材料技術を主題的に扱うことはなかった。デューイは、物質世界と社会的世界を考慮しないかぎり、心理学的経験は単なる抽象にすぎないと認識していた。デューイは、テクノロジーが科学に先立っており、科学がテクノロジーなしには存在しえないという洞察に関して、ハイデガーと軌を一にしていた。

しかし他方でデューイは、テクノロジーについての私たちの経験をことさら強調するような分析を行うこともなかった。そしてフッサールの場合、まったくといっていいほどテクノロジーについての言及がない。フッサールがこの問題に最も接近したのは、すでに他のところでも述べたが、幾何学の起源の基礎に横たわる測定という実践を認識したときと、書くという行為が意識をより高次レベルに引き上げると認識したときである。

マルティン・ハイデガーは古典的現象学における例外的存在である。ハイデガーが後の現代技術哲学の起源にあたる主要な思想家だと考えられていることは、広く同意されている。私は次章でハイデガーに立ち戻るつもりだが、しかしこの場では、ポスト現象学を構成する第三ステップを概説するためにハイデガーの仕事については「迂回する」ことにしよう。このステップとは、オランダの技術哲学者たちが名づけた「経験的転回（empirical Turn）」のことである。このフレーズは流行し、とりわけ現代の技術哲学について説明するさいに広く使われている。

その内容とは以下のようなものだ。オランダには二〇世紀初頭に遡る技術哲学の根強い伝統があり、現在その主要なセンターのひとつがトゥエンテ大学である。ハンス・アハターハイスは主導的な技術哲学者であり、一九九二年に彼の同僚と協力して『技術の尺度』という本が出版されている。この本は二〇世紀初頭の技術哲学に関する基礎を扱ったものである。その本では、マルティン・ハイデガーやジャック・エリュールをはじめ、ルイス・マンフォードやハンス・ヨナスなど、二〇世紀初頭の技術哲学の創始者たちが取り上げられている。しかも一九九七年にアハターハイスは、再び彼の同僚とともに『蒸気機関からサイボーグへ：新世界におけるテクノロジーを考える』という二冊目の本を出版する。この本は、技術哲学者の新しい世代を紹介することを目的としていて、アメリカの哲学から選ばれた六人［の哲学者］が、「経験的転回」を行うことで［技術哲学の］重心をシフトさせたことが示されている。このオランダからの視点が興味深かったことから、私たちはこの本を『アメリカの技術哲学：経験的転回』として英語に翻訳した（その仕事は、私の同僚のボブ・クリースのおかげである）。

アハターハイスは、古典的な技術哲学と現代的なそれとの間に、以下の三つの違いを見出している。

●古典的な技術哲学者は、特定の技術ではなく、技術全般に関心をもつ傾向がある。「古典的な技術哲学者は、技術文化の発展に伴う実在的な変化よりも、現代技術を可能にした歴史的かつ**超越論的な**条件を重要視していた［強調はアイディによる］」【7】。

●古典的な技術哲学者は、しばしばロマン主義的またはノスタルジックな趣向を示すことで、技術の解釈にディストピア的な役割を投影した。「［今や］問題になっているのは……、この新しい文化的コンステレーション（星座作用）を理解することであり、（古典的な技術哲学のように）自然と文化の間で可能であると想定された、調和が取れ、かつ、牧歌的な昔の関係へと回帰することをノスタルジックに要求しながら、テクノロジーを拒絶することではない」【8】。

●アハターハイスは、新しい技術哲学者たちが行った経験的もしくは具体的な転回を以下のように述べている。

「約二〇年前、技術文化の新展開や、新しい技術の設計段階を研究する人々の間において、従来の古典的テクノロジーに対する哲学アプローチへの不満が噴出し、それが、おおまかにいえば構築主義と特徴づけられる経験的な転回をもたらした。この経験的転回は、初期の科学哲学、とりわけトーマス・クーンの研究に影響されたものよりも広く多様であったが、いくつかの共通点ももっていた。

第一に、この新世代の思想家たちは、技術開発のブラックボックスを開示した。彼らは技術的な人工物を最初から与えられているものとして扱う代わりに、多くの異なるアクターが関与する具体的な開発や形成のプロセスとして分析した。テクノロジーを自律的なものとして説明する代わりに、彼らはそれに作用する多くの社会的な力を明るみに出したのである。

第二に、クーンに影響された初期の科学哲学者は「科学」を一枚岩のものとして扱うことを拒み、それが多数の異なる科学へと分解され、それぞれを独立したものとして分析すべきであることを発見したが、新しい技術哲学者たちも同じことが「テクノ

【7】——Hans Achterhuis. *American Philosophy of Technology: The Empirical Turn* (Bloomington: Indiana University Press, 2001), p.6-8.
【8】——Ibid., p.6-8

ロジー」にも当てはまるに違いないと理解していた。

第三に、初期の科学哲学者たちが、科学と社会の共進化について語らざるをえないことを発見したのと同様に、より経験的な指向をもつ新しい技術哲学者も、技術と社会の共進化について語り始めたのである」【9】。

私は、アハターハイスの著作に含まれる一連の現代の技術哲学者たちの特徴づけに同意している。さらに、ここでの記述内容こそ、私がポスト現象学への第三ステップと呼んでいるものなのである。この第三ステップとは、**技術一般**を普遍化することから、**特殊なものにおける技術**の調査へのステップのことである。このステップは、上空飛行的あるいは超越論的パースペクティヴから離れるステップであり、技術の多次元性を**生活世界**内部の**物質文化**として評価することである。そしてこのステップは、ケーススタディを扱う、もっと「科学研究」的なスタイルへのステップでもある。

アハターハイスが正しく認識しているように、そのようなステップは孤立して起こるものではない。むしろそれは、科学と技術の新たな解釈者の多くにとって幅広い共同戦線の場であることを正確に映し出している。新たな科学哲学、新たな科学の社会学、あるいはフェミニズム、そして今や新たな技術哲学、これらすべては、ある程度それぞれの方法で、私が**テクノサイエンス**と呼ぶものを検討することでより具体的なものとなる。

もしこのことが現代の技術哲学なのだとすれば、本節の最後に私が行いたいのは、古典的なプラグマティズムと現象学の両者の始まりを比較した、この立場に関するひとつの考察である。以前に述べたようにデューイもフッサールも、技術を彼らの哲学の主題にしてはいない。

デューイの場合、自然的な世界と社会的な世界に関する幅広いモダニズム的な関心が残存している。経験するもの、すなわち物理的で、社会的な世界に関係づけられる人間は、環境内の有機体として考えられていた。フッサールの場合、『デカルト的省察』において、あるいはその後年の『ヨーロッパ諸学の危機と超越論的現象学』(以下、『危機』書と略記)における歴史－文化的－「実践」世界とともに、「世界」、あるいはそれと同じ意味で環境と呼ばれるものは、もろもろの事物から、もしくは難問だらけの他者の現前から作り上げられている。

とはいえ両者のどちらにおいても、技術との関係はそれとして主題にはならず、特別なものでもなかった。技術哲学の到来は、その主要な形式としてプラグマティズム、現象学、

【9】――Ibid.

マルクス主義といった哲学の**実践的伝統**から生み出されたものであり、それによって技術と関係する人間の経験が主題化され、哲学的な風景を一変させることになった。

しかしながら、こうした主題は、古典的現象学の広範な修正を含むものでもある。プラグマティズムと現象学のどちらにおいても、**相互関係的存在論（interrelational ontology）**と呼ばれるものが見出される。このことが意味するのは、経験するものとしての人間は存在論的に環境や世界と関係するものとして発見されうるのであるが、この相互関係性は、関係性の内部において人間も世界も変容させるものだということである。

フッサールのコンテクストでは、これはもちろん**志向性**のことである。『イデーンⅠ』と『デカルト的省察』において、すべての意識は「何ものか」についての意識であるといわれるが、これこそ周知の「志向性」＝「**何ものかについての意識**」である。私は、テクノロジーを考慮することで、この関係性にまったく異なるものを導入したいと思っている。技術は、それによって「意識自体」が**媒介されている**手段になりうる。技術はこの「について」を占有しているのであって、ある対象領域に限定されるわけではない。このテーマは後に本書で立ち返ることになるだろう。

ポスト現象学とは何か？

ポスト現象学とは、修正されたハイブリッドな現象学のことである。一方でそれは、近代の認識論と形而上学を克服するプラグマティズムの役割を受け入れる。つまり、古典的なプラグマティズムの中に現象学のもろもろの問題や誤解を、すなわち観念論や独我論に囚われた反科学的なものとしての主観主義の哲学を回避する方法を見出すのである。［対して］プラグマティズムが上記のような仕方で考えられたことはまったくなく、これを私はプラグマティズムの肯定的な特徴と理解している。

他方で現象学の歴史では、変更理論を用いた分析の厳密なスタイルが発展したが、それがプラグマティズムをより豊かに、実りあるものにすると考えられる。現象学のこの展開は、身体化と、活動する人間の身体的知覚のより深い現象学的理解を、さらには生活世界のダイナミックな理解をもたらした。そして遂に技術哲学が出現することで、ポスト現象学は、社会生活、個人生活、文化生活におけるテクノロジーの役割を調査し分析する方法を見出す。ポスト現象学は複数のテクノロジーの具体的−経験的−な研究によって、テクノロジーの役割の調査、分析に着手する。これが**ポスト現象学**を構成する最小の概要である。

第2章

テクノサイエンスとポスト現象学

第1章では、修正された現象学、つまりポスト現象学のアウトラインを示したが、それによって科学とテクノロジー研究にアプローチできるようになる。今日しばしば**テクノサイエンス（技術科学）**と呼ばれる道へと私を導いたのは、技術哲学という新しい学問分野が出現したからである。この用語は、ポスト現象学と同様に、明らかにハイブリッドな語であり、テクノロジーと科学／サイエンスを結合したものである。以下では、技術哲学からテクノサイエンスに至る軌道を概観するために、基本的には前章と同じ期間、つまり一九世紀の終わりの時期も含めつつ、主に二〇世紀から二一世紀にかけての期間を手短に見ていきたい。

ここで私が主張するのは、技術哲学は、西洋のコンテクストにおいてごく最近生じたものであり、実際は、当時の新しいテクノロジーの変化に対する哲学的なレスポンスだったということである。

だがそうだとしても、**技術哲学**が最初に生まれたのはいつなのだろうか。もしそれが最初にそのタイトルが冠され、**命名された**ときに生じたのだとすれば、答えは明白である。エルンスト・カップが『技術哲学の基本ライン』と題した本を一八七七年に出版している。この回答は、少なくとも技術哲学の研究史の第一人者であるカール・ミッチャムが主張することである【10】。しかし、異なる見方をすれば、命名とはしばしば**遅れて**やってくるものだ（！）。

たとえば、**科学者（scientist）**という語が初めて使用されたのは一八五四年であり、この言葉はそれ以前に使用されていた「自然哲学」に代わる語として、ウィリアム・ヒューウェルによって提唱された。さらに確かなこととして、カップの同時代人であるカール・マルクスは、特定の技術的手段と関連する生産の理論を提示している。マルクスはこの分析を「技術哲学」と名づけてこそいないが、彼もまた技術哲学を行っていたといわねばならないだろう。要するにある実践は、それとして命名される以前に、かなり先行している可能性がある。いずれにしても、この哲学的な学問分野に初めてかすかな光が射したのは一九世紀末のことである。

とはいえ私は、歴史にいいがかりをつけたいのではない。むしろ私のポイントは、**マテリアル・テクノロジー（物質技術）**が一九世紀の終わりに特定の形式で哲学的関心と気づきを出現させたように見えるということにある。理解すべきなのは、この時期とは、世界中に巨大なインパクトを与えたテクノロジーによる歴史的な産業革命の真っ只中でもあったということだ。こうしたテクノロジーは、哲学者でさえ警戒しなければならないほど巨

【10】——Carl Mitcham, *Thinking through Technology*（Chicago, IL: University of Chicago Press, 1994）, p.20.

大なものだった（！）。だからといって私は、プラトンが扱った技能や知識の事例としての工芸技術や、ハイデガーが後年**テクネー**を賛美することでノスタルジックに捉えた数多くの［哲学史的］前例をまったくもって無視するつもりもない。また一七世紀の近代科学の起源、とりわけマルクスとカップの二世紀前にあたるフランシス・ベーコンによる、しばしば引用される以下のような主張も見過ごそうとは思わない。

私たちは、発明の力、効果、そして結果に気づくべきである。［とりわけ］古代の人々には知られることのなかった三つの発明……、すなわち、印刷や火薬、羅針盤ほど異彩を放つものは他にない。というのも、これら三つの発明は世界中の様相や状態を一変させ……、そこから無数の変化が起こったが、いかなる帝国……も、これらの機械的な発明ほど、人間の事柄について巨大な力や影響力を行使したことはなかったように思われるからである【11】。

この一七世紀のリストに後からつけ加えられたのが、時計と蒸気機関である。さらに後年になると、このリストはますますヨーロッパ中心主義的なものとなり、これらすべての発明品が、蒸気機関を除いて、元々中国がオリジナルであったという歴史的事実を消し去ってしまうことになる。ベーコンはそのことを認識していたにもかかわらずである（！）。ベーコンのマインドは、初期近代的なものであった。彼は、初期近代の科学哲学者の一人であり、科学それ自身が、道具や技術に取り囲まれていることを早くから認識していた一人でもあった。

にもかかわらず、テクノロジーの哲学が継続して主題になるには、二〇世紀を待たねばならなかった。産業革命は巨大な技術（メガテクノロジー）を生み出し、それに伴い鉱業や鉄道、道路システム、工場において地質学的な規模で機械が介在することで、マンパワーが増幅された。その影響はあまりにも大きく、最高の知能をもつ思索家にとっても技術はもはや無視できないものとなった。そのようにしてようやく、私の構想の基軸となる二〇世紀－二一世紀に到達できるのだ。

前章では、二〇世紀初期の科学哲学は「数学を用いる者たち」によって始められたと述べた。デュエム、マッハ、ポアンカレらである。これと同じような規模で、哲学者たちがテクノロジーに本格的に注目するようになったのは、その一〇年後ないしは二〇年後、つ

【11】——Francis Bacon. *Novum Organum*. 1620.　F・ベーコン『ノヴム・オルガヌム：新機関』桂寿一訳、岩波文庫、1978年、195頁。

まり、技術哲学として知られることになった**第一世代**においてである。

フリードリヒ・デッサウアーは、一九二七年の彼の著書『技術の哲学：現実化の問題』でカップの仕事を振り返っている。この書はマルティン・ハイデガーの『存在と時間』と同じ年の出版であるが、その『存在と時間』の中では、有名な「道具分析」が行われ、科学にとどまらない技術の存在論的優位が示唆されている。そのわずか二年後の一九二九年、ジョン・デューイが実験技術の役割に焦点を当てた『確実性の探求』をアメリカで出版している。一九三一年には、カール・ヤスパースが『現代の精神的状況』において、テクノロジーについて考察している。また、ルイス・マンフォードは一九三四年に『技術と文明』を執筆し、オルテガ・イ・ガセットも一九三九年に『技術の省察』［邦訳：『技術とは何か』］を著している。

ここには、多くの偉大な知識人が、ヨーロッパとアメリカの双方で、しかも二度にわたる世界大戦の戦間期に、テクノロジーというテーマに目を向け、技術哲学の第一世代に転向したことを示す小さな兆しがある。こうした歴史的状況は、とりわけ一九一四年から一九一八年の大戦後、工業技術が軍事使用に転用されることでさらに劇的にエスカレートした。すでにハンス・アハターハイスが指摘しているように、この初期の技術哲学は、超越論的なもので、ヨーロッパ人の方が悲観的であり、アメリカ人の方が楽観的な傾向があった。ただし、マンフォードでさえ晩年は、いささか悲観的になっていた。

さらに第二次世界大戦の荒廃後のヨーロッパでは、技術に対する悲観的な論調が支配的になり、そのような思想家たちが登場した。すなわち、『技術への問い』（一九五四）を著したマルティン・ハイデガー、『技術』（一九五四）［邦訳：『技術社会』］を著したジャック・エリュール、さらには、フランクフルト学派の批判的理論家たちの急増、中でも顕著なのは、『一次元的人間：先進産業社会におけるイデオロギーの研究』（一九六四）を著したヘルベルト・マルクーゼである。こうした事例は、この二〇世紀半ばまでに、哲学がテクノロジーに対して本格的な注意を向け始めたことを、しかも「技術哲学」と必ずしも銘打っていないにしても、明らかにそのような機能を果たしていたことを説明するはずである。

こうした［技術と哲学の］融合における現象学の役割をより明確にする前に、技術哲学の初期の運動についていくつかの一般化を行っておきたい。

●哲学教育を受けている人は、これまで言及された哲学者のすべてが、マルクス主義、批判理論、現象学、実存主義、プラグマティズムといった実践の伝統と呼ばれうるものに由来する人々であるのを認識するだろう。ここに欠けているのは実証主義的で分析哲学的な伝統の著名な代表者であり、この技術哲学のスタイルと当時の科学哲学との間にはほとんど繋がりがない。

●初期の技術についての仕事の傾向は超越論的なものであるか、「一般的な」ものであった。技術に焦点が当たっているとはいえ、それはあたかも単一で、具象化された事物であるかのようだった。二〇世紀半ばまで、「自律テクノロジー」の観念が、つまり人がコントロールできずに暴走するテクノロジーというイメージが共通テーマとなっていた。ファウストやフランケンシュタインといった文学上の登場人物が喚起されてもいた。

●テクノロジーはしばしばディストピア的な色彩を帯びていた。それは人間の**自然**からの疎外だと非難され、**文化**、すなわちエリート文化を没落させる原因とみなされた。技術は、大衆と大衆文化の台頭を促し、あらゆる物事を平準化することを目指す。マックス・ウェーバーの思想に由来する社会学の形式において、テクノロジーは自然の**脱魔術化**、地球の脱聖化という役割を果たすとも考えられていた。

私は、この二〇世紀の初期から中期にかけた技術哲学の一連の流れを第一世代とみなしている。この時代にはデューイやマンフォードといった有名な［アメリカの］思想家も存在してはいたが、これまで特徴づけてきたように、これはヨーロッパの哲学的な現象だった。アメリカの技術哲学は一九七〇年代後半まで起こらなかったのである。エドワード・バラードとウィリアム・バレットは、それぞれヨーロッパのテーマに共鳴して書かれた『人と技術』と『技術の幻想』を一九七八年に出版している。そして私自身の著作である『技芸と実践：技術哲学』（一九七九）は、とりわけアメリカにおける技術哲学の最初の書物として引用されている【12】。

現象学と技術哲学

七〇年代以降の技術哲学に目を向ける前に、手短にではあるが、技術哲学の第一世代において古典的な**現象学的**哲学が演じた特殊な役割を見ておきたい。回顧的なものとなるのはやむをえないが、まずフッサールへと立ち戻るところから始めよう。上述のようにフッサールは、技術それ自体について明言することはほとんどなかった。とはいえフッサール

【12】――Don Ihde, *Technics and Praxis: A Philosophy of Technology* (Dordrecht: Reidel, 1979).

は、技術哲学の出現にとって示唆的なアイデアを定式化しており、それは以下の二点からなる。

一つ目は、記述すること／書字の出現がひとつの「技術」であるという認識である。それは、文字として刻まれ、繰り返し読まれるプロセスを通して、新しいレベルで意味が展開することを可能にする。二つ目は、小論「幾何学の起源」に見られるもので、そこでフッサールは、最終的に幾何学となる理念化と形式化が**測定の実践**から出現することを示唆している。彼はすでにほとんど**実践**哲学者である（ここではこの事例だけを展開しようと思う）。『危機』書とそれを補う「幾何学の起源」におけるフッサールの議論は、知覚的または実践的なものとして特徴づけられる起源的経験であり、科学の基礎に横たわっているものである。この「起源」は忘却されているが、取り戻すこともできる。フッサールはこれを成し遂げようと**遡及的に問うこと**で、「歴史」のユニークな見方を見出す。私は、この大半の見方が、実際のところは『存在と時間』（一九二七）のハイデガーの分析スタイルの模倣ではないかと疑っている。『危機』書（一九三六）の内容の大半は以下のように、それを反映しているように思えるのだ。

●「……私たちは……受け継がれてきた幾何学の起源的な意味を遡及的に問わねばなら

ない。この幾何学は、まさに同一の意味として有効でありつづけながら……同時にさらに発展してきたのである。……私たちの考察は、意味と科学の最も深い問題へと、そして科学の歴史一般の問題へと必然的に導かれる」【13】。「［この考察は］……沈殿した幾何学の起源を遡及的に問うのであり、それは幾何学の機能が確立するさいに必然的に存在していたにちがいないものである」【14】。

●これらの起源には原初的な知覚経験と人間の実践が含まれているとフッサールは主張している。

「たとえ私たちが最初の幾何学者たちの歴史的な周囲世界についてほとんど何も知らないとしても、それが「物」の世界であったこと、そこにはこの世界の主観としての人間自身が含まれていたこと、また、この世界のすべての物が、必然的に物質的特性をもっていたにちがいないことは、不変の本質構造として確かなことである。……さ

【13】――Edmund Husserl. *The Crisis of European Science and Transcendental Phenomenology*. trans. David Carr (Evanston, IL: Northwestern University Press, 1970), p.353. E・フッサール『ヨーロッパ諸学の危機と超越論的現象学』細谷恒夫、木田元訳、中公文庫、1995年、490頁。
【14】――Ibid., p.370. 邦訳同書、492頁。

らに、実践的ニーズに基づく生活の中では、特定の形態を特別扱いすることが目立っていたこと、技術的実践はつねに特定の好ましい形態を生み出し、段階的にその方向に沿って形状を改善することを目指したことは明らかである」【15】。

●反復され、洗練された実践に基づくことで極限的な形象の「完全化」が徐々に近似的になり始める。あるいは幾何学の対象となる理念化にまで到達する。
「私たちに理解できるのは、「繰り返し繰り返し」という完全化の実践から、**極限的な形象**が、決して到達できない不変の極に向かうものとして、一連の固有な完全化の傾向に向けて出現するということである」【16】。

これら引用のすべてに、ほとんどパース的ともいえるプラグマティズムの視点がある。パースが主張するのは、「知識がより適切に解釈されるのは、実在の表象としてよりも、行為の習慣としてである。それゆえ知識は、歴史的かつ社会的プロセスに位置づけられたものであることから、特殊な土台はそれほど必要ではない」【17】ということである。ここではたしかに、フッサールが身体化や、知覚的で「実践的」な経験の役割を強調していると認めることができる。とはいえ、そのこととテクノロジーがどう関係しているのか、それに関して当然、疑問に思う人もいるだろう。まさにそれこそ**フッサール的な分析から取り残されている**ことなのである。

そこで私は「経験的」ないしは経験－歴史的な注釈として、このフッサールの分析にテクノロジーを**付け加えてみたい**。伝統的なヨーロッパ中心主義的な解釈において幾何学の歴史は、つまり最初の幾何学とその実践は、エジプト人によるものだと位置づけられている。そして私のポスト現象学的な注釈は、これらの技術的に身体化された実践を正確に調査することを求めている。私が扱うのは以下の二つの実践だけである。

第一のものは、田畑のようなフィールドに境界線を引く測定の実践である。エジプトの古代農業にとって基本的だったナイル川の毎年の洪水は、それまで区切られていたフィールドの境界線にダメージを与えたり、破壊したりしたことだろう。そうした境界線を再建するために測量器具が使用されていたのである。

第二の例は、たとえばピラミッドや神殿などの記念碑的な建造物の建築に関係している。

【15】——Ibid., p.375.　邦訳同書、529頁。
【16】——Ibid., p.70, emphasis.　邦訳同書、53頁。
【17】——Carl Mitcham, "From Phenomenology to Pragmatism," in *Postphenomenology: A critical Companion to Ihde*, ed. Evan Selinger（Albany: State University of New York Press, 2006）, p.22.

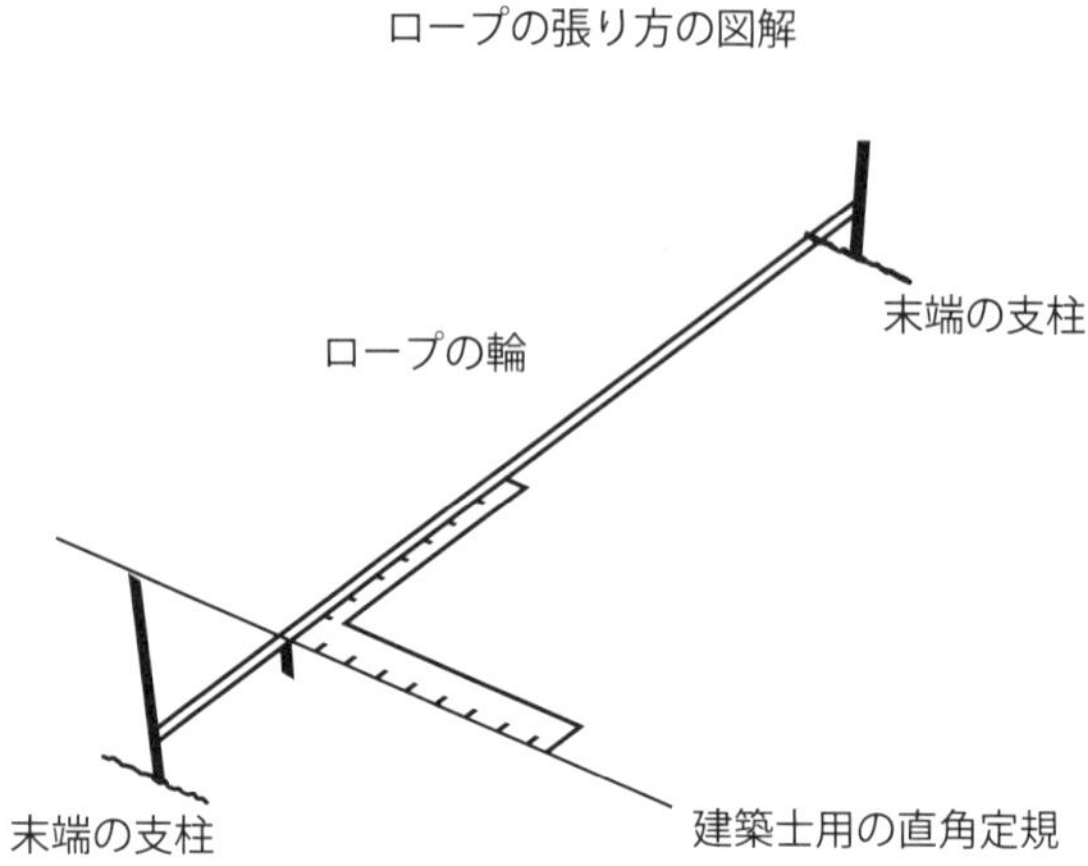

図 2.1　エジプト人のロープの張り方

ここでも諸々の線や角度、プロポーションを確立するためにテクノロジーや道具が必要とされた。

エジプト人の場合、その道具はシンプルなものだったが効果的に機能していた。基本的な道具の一式は、ロープを張ることと関係している。この実践と、それに関連した角度を確定するための装置は、図に描かれているように儀礼的で反復可能な実践の中に組み込まれていた。

こうすることで建築基礎を施設したり、畑の境界線をマークしたりする直線が容易に把握されることになる。実際、私がこの歴史を調査していて驚いたのは、私は春先に自分の庭でそら豆やエンドウ豆、レタスを平行に並べて植え付けるのだが、そのさい直線の引き方を同じように実践していたということだ。私の別荘地には、バーモント州の不動産の境界線を管理する「フェンス・ウォッチャー」という役所がまだ残っている。しかもさらに驚くべきこととしてエジプトの数字システムは、［次頁で示すように］この**ロープ**のイメージを用いていることである。「1」、「10」、「10の2乗」という表記法はすべてロープのイメージを展開したものだ。このように数学と道具を用いた実践は、そのどちらもが属している「諸起源」を示している【18】。

最後に、少なくとも六つの古代文明のうちのひとつであるエジプト人たちは、いわゆる「ギリシア人が発見したと考えられている」「ピタゴラスの定理」の別バージョンのひとつを、つまりどんな目的のためにも完全な正方形をもたらす、斜辺を二乗する能力を開発していた【19】。このことから以下のことが明らかになる。すなわち、フッサールによってなおも信じられていた幾何学が「ひとつのもの」であり、それが一度確立されると、自律的で線形的、そして**理念的な**歴史において発展するというヨーロッパ中心的で支配的な物語とは裏腹に、幾何学は多文化的で、いくつもの起源をもち、多くの時代、多くの場所で発展し

【18】――Dick Teresi, *Lost Discoveries* (New York: Simon and Schuster, 2002), p.38. D・テレシ『失われた発見：バビロンからマヤ文明にいたる近代科学の源泉』林大訳、大月書店、２００５年、40頁参照。
【19】――Ibid., p.17. 邦訳同書、19頁参照。

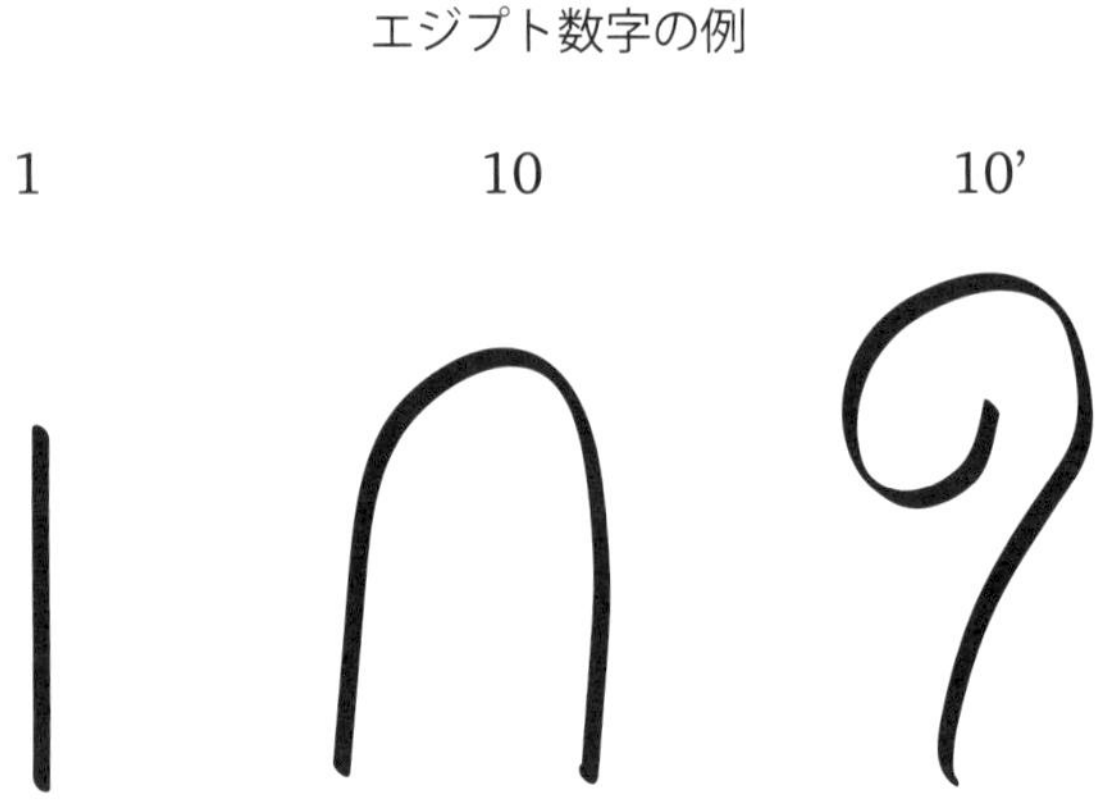

図 2.2　エジプトのロープを用いた数字

たようである。

幾何学がいつどこで発展しようとも、それが実践から生じるかぎり、それらの実践には**道具を介した測定技術**が含まれている。それらのテクノロジーは、私たちに馴染み深いものとして選ばれた線や角度、形を確立することで形成される生活世界の構成に役立っている。この事例から離れる前に、私はポスト・フッサールのコンテクストにおいて、これまで述べられたことがなく、おそらく注目もされていない三つの含意について示唆しておきたい。

初めに、幾何学的実践は一度自律すると、これまで例示した実際の測定プロセスである「フィールドという現場」から切り離されてしまうことである。その代わりに「測定」は、筆記の形式において、つまり紙や黒板、その他もろもろの上に描かれる線画やシンボルを通じて行われる。実際、この新しい実践の物質的特徴のひとつは、簡単に操作できる模型や線画などを用いることで**ミニチュア化される**ということである。これはある意味で「モデリング」の実践なのだ。それは技術的に身体化されてはいても、今や特殊な環境に、多くは学術的または制度的環境に置き直される。それはいまだ実践的ではあるが、異なる仕方で設定された現場である。こうした学術アカデミー「内部」における実践は、その後、多くの異なる仕方で「外部」にもち出されうる。

第二に、このような実践は、たとえそれまでとは異なる仕方で構築された生活世界になったとしても、「いまだ」**生活世界**のうちにとどまっている。幾何学の実践は、文化的な知覚そのものを再構成する。古代エジプト人の神殿やピラミッドが建造された環境でさえ、それ以前の背の高いイグサの原野や、手つかずの荒れ狂う川が存在した時代とは大きく異なっていた。

第三に、これと同じことが科学にも当てはまる。そもそも科学は深い意味で生活世界からは逃れられない。というのも、測定技術や測定器具を用いてはいても、その測定値のすべてを**身体存在である人間にとって知覚可能**なものにしなければならないからである【20】。

私が今スケッチしたことから、フッサール的な現象学は、せいぜい**間接的に**、物質性への感受性をもつ技術哲学と関連しうるということが分かる。しかしこれは、マルティン・ハイデガーの場合には当てはまらない。ハイデガーは、おそらく二〇世紀における他のどんな現象学的な哲学者よりも、現代の技術哲学の直接的な先達である。ここでは、私の関心の範囲内で、ハイデガーによる現代の技術哲学への永続的な貢献のうち二つのものを簡潔に見ておきたい。ひとつはハイデガーの分析の中でも初期のものであり、もうひとつは後期のものである。私の考えでは、どちらも積極的な貢献となっていることに変わりはない。ただし、私が十分に認識し、しかも残念なことだと思っているのは、そのハイデガーの役割が「ディープ・エコロジー」や伝統文化、ディストピア的なロマン主義に訴えかける広範な影響力を強くもちつづけていることである【21】。

まず、初期の例は、『存在と時間』の「道具分析」に由来するものであり、彼の技術分析に関する最も古典的な現象学的分析である。古典的現象学の解釈者は、しばしばハイデガーの思索の展開を、**認識論**をより推進させたフッサールに比べて、**存在論**への移行であると特徴づけてきた。その解釈はたしかに正しいのだが、しかし同時に私は、それ以上にハイデガーの道具分析はかなりプラグマティスト的な意味での**実践**への明らかな転回であると捉えている。道具分析を開始するとき、ハイデガーは次のように述べる。

私たちに最も親密な種類の行為とは、私たちが示してきたように、単なる知覚的認識ではなく、むしろ事物を操作し、それを利用するある種の配慮である。そして、ここにはそれ固有の「知識」がある【22】。

これは純粋に実践的な哲学であり、ジョン・デューイが述べていてもおかしくはない(!)。しかも、この行為による操作の「親密さ」への移行が、「裸の知覚認識」と対比されていることにも注目してもらいたい。私はこれを、フッサールの中心に残っていた「デカルト的」コンテクストの名残からの転回と理解している。そうしたコンテクストでは、通

【20】——二〇〇三年にペルーのリマで行われたフッサールサークルで私が発表した論文「フッサールのガリレオが必要とした望遠鏡」でも同様の主張が行われている。

【21】——長年にわたり、私はハイデガーに関する多くの論文を発表し、同様にさまざまな書籍の中でも論じてきた。『技芸と実践』(一九七九)には、ハイデガーの技術哲学を解釈する私の初期の仕事が含まれている。『テクノロジーと生活世界』(一九九〇)の頃には、私はハイデガーの技術分析の諸側面に対して批判的になっており、その第八章では、ハイデガーの分析スタイルへの皮肉な風刺画も載せている。また、「ハイデガーを脱ロマン主義化する」という私の論文は、下記の著書において確認できる。『ポスト現象学:ポストモダンのコンテクストにおけるエッセイ集』(Evanston, IL: Northwestern University Press, 1993)。

【22】——Martin Heidegger, *Being and Time*, trans. E. Robinson and J. Mac quarrie (New York: Harper and Row, 1962), p.95. M・ハイデッガー、『存在と時間』(上)、細谷貞雄訳、ちくま学芸文庫、1994年、158-159頁。

常、知覚はもろもろの性質をもつ事物の知覚として考えられてきた。そして、知覚についてのそうした種類の見方は、初期近代すべての認識論に共通するものでもあった。ハイデガーが道具や装置の操作に帰属させた「実践的」「知識」は、「認知的」ではなく、暗黙的なものであり、私がいうところの**身体的**なものである。以下で私は、彼の道具についての現象学の鍵となる要素を簡潔に跡づけてみたい。

●第一に、道具はある一定の性質をもった単純な対象ではない。むしろ、道具が何であるかは、それを**使用するコンテクスト**に依存している。「……厳密にいえば、用具としての事物などというものは「存在」しない。用具が存在するということはつねに、それがまさにこの用具として存在しうるための用具の全体性に属している」【23】。これは、豊かな**フィールド**の分析であり、**コンテクスト的な分析**である。ハイデガーのハンマーの事例において、ハンマーは、その使用者と関係するのと同様、釘や特定の使用法、その計画のためのタスクとの関係性、もしくは指示連関に埋め込まれている。「[用具とは]……をするためのものである。この構造としての「……をするため」においては、何ものかから何ものかへの指し示し、もしくは参照が横たわっている」【24】。言い換えれば、**テクノロジーは、その使用における具体的コンテクストと関係している**。

●第二に、実践において生じる種類の「知識」は、認知的なもの、すなわち、デカルト的タイプの知識**ではない**。それはむしろ、使用知であり、その中で道具や用具は目的達成の**手段**となる。現象学的には、物質的な道具は「退隠する／身を隠す」か、もしくは「擬似－透明化（quasi-transparent）」する。「何かが身近にある（用具的である）ということの特性は、それが手もとに準備されているということのうちにある。いわば、それが身近にあるためには、きわめて真なる仕方で退隠していなければならない」【25】。

●しかし、対象としての道具のこの退隠／身を隠すことは、実際には別の何ものかを**露わにする**か、「照らし出す」ことに奉仕している。それは、ハイデガーが述べたようにもしくは私が述べるように、周囲を取り巻く世界、あるいは「自然」についての説明を暗示している。つまりここには、**生活世界**についての予測がある。すなわち、「自分に関係するどんな仕事も用具的である……。公共世界においては……公共世界とともに、

【23】——Ibid., p.97. 邦訳同書、161・162頁。
【24】——Ibid., p.95［正しくは、p.97］. 邦訳同書、162頁。
【25】——Ibid., p.102. 邦訳同書、164頁。

周囲を取り巻く自然が発見され、誰にとってもそれはアクセス可能である。道路や大通り、橋において……私たちの関心は、何らかの規定された方向性をもっている自然を発見する。屋根つきの鉄道のプラットフォームは、悪天候を考慮している。外灯は暗闇を考慮し……時計は世界というシステムの規定的な配置を考慮している」【26】。テクノロジーとは、言い換えれば、私たちが世界を経験する仕方を媒介しているのだ。

●ハイデガーは、もっと後の箇所で、より強い主張の基礎となる**ブレイクダウン現象**と呼ばれるものを取り上げている。「私たちが何かに関心をもつとき、最も身近にある用具的なものであるその実体が、使えないものとして現れてくることがある。……道具が破損していたり、素材的に使えないことが判明する。……「しかし」、私たちがその道具が使えないことを発見するのは、その道具を見て、その特性を確証することによってではなく、むしろ私たちがその道具を使いながら扱うさいの配慮によってである。このようにして、その使えなさが発見されるとき、用具は際立つのである」【27】。

この機能不全、もしくはハンマーが見つからないとき、あるいは素材の不足がブレイクダウン／故障となるのであり、これこそが、「ある用具」が特定の仕方で特定のコンテクストに属していることを私たちに気づかせる。このブレイクダウン現象は現在に至るまで、まさにポスト・ハイデガー分析におけるパラダイムとなっている（たとえば社会学者のチャールズ・ペローによる有名な「ノーマル・アクシデント」や、科学哲学者のピーター・ギャリソンによる技術的故障の分析の他、多くの人によってこの言葉が用いられている【28】）。

このことから示してみたいのは、この現象が、ハイデガーの有名な**科学と技術の関係についての存在論的役割の反転**において、どんな予測的役割を果たしているのかである。これは、ハイデガーが現代の技術哲学に永続的な影響を与えている二つ目の例である。初期の分析では、一度、道具が機能不全となり、壊れたりすると、それが**目立つ**きっかけになる。目立つことは、少なくとも『存在と時間』のプロジェクトからすれば、道具が**脱コンテクスト化**されるきっかけとなる。そして、脱コンテクスト化されて、道具は**検証の対象**としての**眼前存在**、つまり「科学的対象」になる。この意味で科学的な検証は、それに先

【26】――Ibid. p.166. 181［正しくは、pp.100-101］. 邦訳同書、167頁。
【27】――Ibid. p.102. 邦訳同書、170-171頁。
【28】――私はブレイクダウンがこのような帰結を生み出すことに同意するが、これが技術の関与や関係性を発見するための唯一の仕方であるとは思わない。たとえば現象学的な変項の適用を通しても同様の現象が発見されるだろう。

立つ、あるいは**存在論的により先なる**実践のコンテクストから生じるのであり、それに依存している。

『存在と時間』が、ハイデガーの初期の分析に属していて、その大部分がテクノロジーの理解を暗示的に展開したものだったとすれば、彼の後期の分析、すなわち戦後の論文は、技術哲学をはるかに明示的なものにしている。ただし、ここで私はハイデガーによって反転させられた科学とテクノロジーの関係の展開だけをみることにする。その反転についての最も明示的な内容は、『技術への問い』(一九七七、ドイツ語版一九五四)において、以下のように強い口調で述べられている。

●「時系列的にいえば、近代物理学は一七世紀に始まる。それに対して機械動力にかかわるテクノロジーは一八世紀後半になってようやく発展した。しかし、時系列的により後なるものだとしても、近現代のテクノロジーは、そこで支配している本質から見れば、歴史的に〔存在論的に〕より先なるものである」【29】。もっと簡単にいえば、技術は科学に存在論的に先立っている。一九五四年の時点でこれは、ラディカルな主張だった。今日では、この主張は多くの人に支持されており、〔本書の〕第1章で引用された科学研究においても多くの支持者がいる【30】。もちろん「後期」のハイデガーが、テクノロジーを超越論的、「形而上学的」な意味で理解するようになったということは認識しておくべきことである。テクノロジーとは世界を見て取るひとつの仕方であり、すなわち、「計算的に」もしくは技術的に自然の全体を見て取るひとつの仕方なのである。

●この科学に対する技術の存在論的優位から、ハイデガーは、すべての近代科学が**道具によって、あるいは、テクノロジーによって身体化されている**ということを強く認識するようになる。「現代テクノロジーは、精密学としての近代物理学に基づいているのだから、以前の技術一切とは比較にならないほど異なっているといわれる。他方で、私たちはその逆も真であることをより明確に理解するようになった。すなわち、実験を行う近代物理学は、技術的な装置と装置の製造の進歩に依存する」【31】。道具がなけ

【29】——Martin Heidegger, *The Question Concerning Technology and Other Essays*, trans. W. Lovitt (New York: Harper Torchbooks, 1977), p.304. M・ハイデッガー『技術への問い』関口浩訳、平凡社ライブラリー、2013年、40頁。
【30】——科学と技術の歴史家たちは、科学哲学者よりも頻繁にこの見解を支持していた。ジョン・デューイは初期の例外であって、以前註で書いたように、その見方を支持している。
【31】——Heidegger, *The Question Concerning Technology*, p.245-246. M・ハイデッガー『技術への問い』関口浩訳、平凡社、2013年、25頁。

れば、科学もない（No instruments, no science）。

●ハイデガーの存在論的反転は、科学がテクノロジーに帰属するものとして、その関係を再定式化している。科学は、ある意味でテクノロジーの「ツール」になる。「近代物理学が実験物理学なのではない。というのも、実験物理学は自然を問いに付すために実験装置を適用するものだからである。その逆が真なのである。というのも物理学は、実際すでに純粋理論として、あらかじめ計算可能な力の一貫性として自らを示すように自然を設定しているからであり、物理学は、そのように設定された自然がどのように自らを報告するかを〔問うために〕正確な実験を命じるからである」【32】。

●最後に、この逆転は、テクノロジーは「応用された」科学であるというスタンダードなものの見方を疑問視する。これはハイデガーによれば、ひとつの幻想なのである。「……テクノロジーは〔今や超越論化され〕、精密な物理科学を用いなければならない。そうすることによって、現代テクノロジーは応用された物理科学であるという人を欺く仮象が発生する」【33】。ハイデガーにとっての科学に対するテクノロジーの存在論的優位は、科学の一切が、私の術語でいえば、**テクノサイエンス**に違いないということを示している。

ごく簡単にではあるが、もう一人の古典的な現象学者を、現代以前を代表するものの一群に加えておきたい。モーリス・メルロ＝ポンティである。フッサールと同様、彼においても技術についての明示的な議論はほとんど存在しない。しかしメルロ＝ポンティが、彼の先行者たちにつけ加えていることは、とりわけ『知覚の現象学』（一九六二、フランス語版一九四五）における身体、知覚、行為の役割、つまり**テクノロジーを通じた身体化**についての非常に微妙でニュアンスに富んだ議論である。

メルロ＝ポンティは、後期フッサールやハイデガーの影響を受けながら、身体化や能動的な知覚の概念から出発するが、それらは最初から「実践的」なものである。「光景の方位づけにとって重要なのは、客観的な空間にある事物のように、実際に存在する身体ではない。そうではなく、可能な行為のシステムとしての身体であり、その課題と状況によって定義される、現象的な「場所」とともにある潜在的な身体である。私の身体は、行われる

【32】――Ibid. 邦訳同書、38頁。
【33】――Ibid. p.304-305. 邦訳同書、41頁。

べき何かが存在するところにはどこにでもある」【34】。さらにいえば、「私の身体が世界と噛み合うのは、私の知覚が可能なかぎり変化し、明確に分節化された光景とともに私に提示されるときであり、私の運動志向がおのずと展開し、世界から期待する応答を受け取るときである」【35】。

しかもそのときメルロ＝ポンティは、私の能動的で志向的な身体の運動が、まさにその原体験に**テクノロジーを組み込んでいる可能性**を認めてもいる。

ある女性は何の計算もなしに、帽子についている羽とそれを壊しそうなものとの間の安全な距離を保つことだろう。私たちが手の位置を感じるのと同じように、彼女は羽の位置を感じる。もし私が車をよく運転するのであれば、狭い道路に入るとき、その幅と車の泥除けの幅を比較せずに「通過」できると分かるが、それと同様に、自分の身体の幅に対する戸口の幅を確認せずに、私は戸口を通過する【36】。

身体経験それ自身へと人工物を組み込むことは、道具の退隠というハイデガー的な意味の影響はあるが、メルロ＝ポンティにおいては、より微妙でニュアンスに富んだ現象となっている。最後に以下のような、視覚障害をもつ人の杖に関する彼の分析もある。

視覚障害者の杖は、彼にとって対象ではなくなり、それ自体ではもはや知覚されないものとなる。杖が指し示すところが、感受性の領域となり、触覚による探索と活動の範囲を広げ、視覚と似たものになる。物を探索するさい、杖の長さは、中間項としても、それそのものとしても明示的に現れることはなく、むしろ視覚に障害をもつ人は杖を介した物の位置を通じてその長さに気がつくのである。物の位置は、その人をそこへと運ぶリーチの範囲を通じて直接的に与えられ、その範囲には腕のリーチに加えて、杖の到達範囲も含まれている【37】。

つまり、身体化や身体的な志向性は、人工物を介してユニークな技術的媒介（メディア）が取り囲む世界へと拡張される。

【34】——Maurice Merleau-Ponty. *The Phenomenology of Perception*. trans. C.Smith (New York: Humanities Press.1962). 250. M・メルロ＝ポンティ『知覚の現象学』中島盛夫訳、法政大学出版会、２０１２年、４０９頁。
【35】——Ibid., p.250. 翻訳同書、４１１頁。
【36】——Ibid., p.143. 翻訳同書、２４２‐２４３頁。
【37】——Ibid., p.144. 翻訳同書、２４３頁。

この辺りで、古典的な現象学者たちとテクノロジーについての選択的かつ限定的な調査を終えることにしよう。すでに示唆されたように、二〇世紀半ばまでに、多くの先進的な哲学者がテクノロジーについての見解をもっていた。その哲学者の中にはオルテガ・イ・ガセット、カール・ヤスパースなどの重要人物が含まれるし、また、フランクフルト学派に関連するほとんどの批判理論の哲学者も同様である。

とはいえ、彼らと現象学の関係は、間接的なものであった。もちろんフッサールやハイデガー、メルロ＝ポンティに対して重要な応答をするものたちがいたのも確かである。中でもフランクフルト学派の批判理論家たちは、主に一九六〇年代から七〇年代を通して応答を行っている。たとえば、ユルゲン・ハーバーマスが、フッサールの生活世界の理論を取り入れたことはその顕著な例である。その他、ハイデガーに肯定的な反応を示した哲学者として、ヘルベルト・マルクーゼやハンナ・アーレント、否定的な反応を示した哲学者としてテオドール・アドルノも挙げられる。

しかし、［技術哲学にかかわる］彼らの仕事の大部分は、それ以前の世代の仕事を繰り返すという意味での反復にすぎなかった。そのほとんどは、テクノロジー全般という概念を保持したままであり、そこで生み出された仕事の大部分は、テクノロジーの役割を以下のように認識していた。すなわち、テクノロジーは、労働と自然からの疎外の効果を強調することで、変化する社会と経験の中でハイカルチャーを窒息させ、ポピュラーカルチャーとともに「大衆」を生み出す役割を演じている。そしてこの大衆が、批評家たちがその出自とする高度な「文化（Kultur）」を置き換えてしまうのだという認識である。

それゆえ私は、たとえばマルクーゼの『一次元的人間』のような一九六〇年代における強力なインパクトを省略していることは認めつつも、その後の一九七〇年代末に起こる「技術哲学」の明確な隆盛へとまなざしを向けたい。私は先だって、「経験的転回」という概念に言及していた。これはハンス・アハターハイスによって作られた概念で、技術哲学の台頭を詳しく述べたオランダ語の二冊の本の中に出てきたものである。私は今や、この「経験的転回」における現象学の役割に特別な関心を向けることで本書のテーマへと戻ろう。

現象学とアハターハイスのリスト

アハターハイスによる『アメリカの技術哲学：経験的転回』は、技術哲学者として知られる六人の現代思想家にそれぞれ各章を設けている。六人の思想家とは、アルバート・ボルグマン、ヒューバート・ドレイファス、アンドリュー・フィーンバーグ、ダナ・ハラウェイ、ドン・アイディ、ラングドン・ウィナーである。興味深いことに、六人のうち以下の四人は、現象学の遺産との強いコネクションをもっている［現在の所属等に関しては異なっている可能性があることに留意］。

●モンタナ大学の指導教授であるアルバート・ボルグマンは、ヨーロッパで教育を受けた四人のうち、唯一ミュンヘンで博士号を取得している。彼は明らかに新ハイデガー主義である。彼の本はハイデガーのテーマを反映しているが、「経験的転回」を例証してもいる。とりわけそれは『リアリティを手放さない：ミレニアムの転換期における情報の本性』で行われており、そこでは情報技術の進歩が扱われている。

●ハーバード大学で博士号を取得したカリフォルニア大学バークレー校のヒューバート・ドレイファスは、人工知能、インターネット、コンピュータに関する論文で世界的に評価されているが、明らかに現象学的にフッサールやハイデガー、メルロ＝ポンティの仕事に関係づけられる。

●カリフォルニア大学サンディエゴ校で博士号を取得した、カナダのサイモン・フレーザー大学の研究（所）教授であるアンドリュー・フィーンバーグは、批判理論をより中心に位置づけながらも、現象学を活用している。彼の最近の本はハイデガーとマルクーゼについてのものである。

●ボストン大学で博士号を取得した、ストーニー・ブルック大学の特別教授であるドン・アイディは古典的な現象学を活用するが、そのさいプラグマティズムを取り入れ、科学における実験装置への、とりわけ最近では画像化技術への長期にわたる関心を織り交ぜている。

このように、アハターハイスのリストは、現象学的な伝統に由来する哲学者たちに重きが置かれているのが分かる。このリストは一九八〇年代から現在までに精力的に出版している哲学者たちの世代である。

ここまでの私のサーベイは、簡潔で限定的であったが、ようやくこの本の主要テーマ、**テクノサイエンスとポスト現象学**に戻ることにしよう。

テクノロジーからテクノサイエンスへ

マテリアル・テクノロジー（物質技術）は、**現代人でもある新人（ホモ・サピエンス・サピエンス）よりも起源は古い**。私たちに先立つすべての種は姿を消してしまったが、かなり初期のヒト属にまで遡る物質文化やテクノロジーによる古代の遺物もよく知られている。石器時代の道具の一式は、何百万年も前に遡る。しかも、ルイス・マンフォードが認めていたように、少なくとも古代における漁網やカゴ細工の技術も同じように古い。それらは用いられた素材のせいで、そのまま残ることはなかった。それでも初期人類の「実践的な」世界の部分であったにちがいない。**テクノロジーは確実に「科学」よりも歴史年代的に先行している。少なくとも近代がどのような意味で理解されようともそうである**。私たちの最古の祖先らは、おそらく私たちが直立姿勢を身につけて以来、自分たちの環境とかかわるためにテクノロジーを用いていた。したがって、テクノロジーは**つねに私たちの生活世界の一部なのである**。

このように古代のテクノロジーを垣間見ることは、後期近代から、現代の私たちが暮らすポストモダンの世界において、ラディカルで、ますます飽和するテクノロジーについての展望を理解する一助となる。初めに私が一九〇〇年から二〇〇六年という期間に起きたこととして提示するのは、インダストリアル・テクノロジー（工業技術）のメジャーな現代的発展についてである。それは実際に今日、アメリカで「ラストベルト工業」と呼ばれる電気、鉄道網、工場、冶金、炭化水素や鉱石の大規模な使用にかかわる工業技術のことである。それはある意味でハイデガーが**用象（Bestand）と集立／総かりたて体制（Gestell）**という語で特徴づけたメガ・テクノロジーである。これらの工業技術は消滅してしまったのではなく、部分的にではあるが、依然として稼働しつづけている。

しかし、その一方でコンピュータ、インターネット、モバイル通信、メディア・テクノロジーといった、多くの人々が今日**情報技術**と呼ぶ技術も存在している。そのような現代のテクノロジーがもつ**テクノサイエンス**の台頭にとってより深い意味に触れる前に、私はとりわけ工業技術と比較した場合の「情報技術」についての一般的特徴について説明しておきたい。

●ハイデガーは、私が工業技術と呼ぶものを「マシーン・テクノロジー」と呼んでおり、それは主に大きくてパワーのある機械技術のことである。巨大な溶鉱炉を備える製鉄所や、四階建ての高さの鉱石運搬船を用いる採掘技術、石油用の超巨大タンカー、樹齢一〇〇年の木の幹を切り落とす伐採機、これらはすべてそのようなメガ・テクノロジーの例である。これらの事例に示されているように、こうした**技術の軌道は巨大化主義／ギガンティズム**であるとあえて述べておこう。

●これに対して、一九世紀半ばの**電子技術**の一連の事例を挙げてみよう。そのような技術の初期のひとつであるラジオは、初めこそ大きかったものの、後に小さくなった。初期のメインフレーム・コンピュータは部屋を丸ごと占拠するほど大きかったが、現在のノートパソコンは当時のメインフレームのメモリーやパワーと同等か、それを上回っている。電子管を備える巨大なアンプは、最近トランジスタを備えるiPodに置き替わった。私の両親が使っていた電池式で手回し式の大型電話機は、写真を撮り、電子メールを処理し、商品の支払いのためのバーコードを読み取る、手のひらサイズの携帯電話に取って代わられた。ここでの軌道は、**小型化とマルチタスク**へと向かうものである。

●これら二つの逆方向の軌道におけるエネルギー消費を比較してみよう。電力によりアルミニウムを化学的に還元するさい、八六〇億トンのアルミニウムを生産するのに五〇七〇億BTUs（英国熱量単位）の電力が使用されている。しかし、私がノートパソコンや携帯電話、CDプレイヤー、液晶ディスプレイをすべて同時につけているとき、これらのテクノロジーはシャワーの後に使用するヘアドライヤーよりも少ない電力を使用している。もちろん問題なのは、これらすべてのテクノロジーが同時に使用されつづけるうえに、スケールやコンテクストが異なっているということだ。しかも両方の技術的軌道が描き出しているのは**グローバル**なのである。チェンソーは、一人の人間の力を石器の斧をもつ軍隊に匹敵するほど強力に倍加させるが、その同じチェンソーが、一方でブラジルの広大な土地の森林伐採に用いられ、他方で、バーモンド州において夕方の薪割りに用いられている。そして同じ小型のCDプレイヤーがポピュラー音楽やクラシック音楽を世界のどこにいても再生することができる。とはいえ、危険な一般化であることは認めるが、採掘や森林伐採による天然資源のグルーバルな壊滅的減少は、すべての人々や文化を電子的につなげるグローバル化とは異なる方向性をもっている。衛星放送はここでは潜在的な「至るところにいる」ことをもたらす。

●こうした対比に関する最後のポイントは、産業革命の工場システムが多様な労働運動をもたらし、組み立てラインの退屈さがテクノロジーをしばしばネガティヴなものとみなすようになったのに対して、携帯電話やウォークマン、テレビなど現代的で、頻繁に小型化されていくテクノロジーはユーザーにとって使いやすく、楽しく、エンパワーするものとして見られていることだ【38】。

これらテクノロジーの軌道のうち第一のもの［巨大化主義］は一九世紀末に支配的な形を取っていたが、第二のもの［小型化とマルチタスク］は二〇世紀半ばから始まっている。「ヴァーチャル・リアリティ」という言葉を初めて用いたジャロン・ラニアーのように、第二の軌道が第一のものを上回っていると主張するものもいる。ちなみにラニアーは、ハイデガーのテクノロジーの概念が、電子技術よりも産業技術に多くを負っているものだと最初に私に気づかせてくれた人物でもある。

とはいえ、どちらの軌道にも**テクノサイエンス**の秘密が、あるいは科学とテクノロジーのあいだの後期近代の関係性の秘密が隠されている。今、ひとつの言葉遊びが、私の脳裏に浮かんでいる。それはすなわち現代の科学は完全に**テクノ**サイエンス［**技術の**科学］であるが、現代の技術のほとんどはテクノ**サイエンス**［技術の**科学**］である、というものだ。しかしこの相互関係は完全には対称的ではない。

後期ハイデガーの二つの考察へと戻ろう。そのひとつは「……近代の物理学、実験を行う物理学は、技術的な装置と装置の製造の進歩に依存する」【39】というものであり、私がすでに取り上げたように、現代科学は物質的で**技術的に**身体化されているというものである。これが**テクノサイエンス**の第一の意味である。

ハイデガーが行うもうひとつの主張とは、工学のような学問分野は通常「応用科学」に分類されるが、これは**幻想**であるというものだ。テクノロジーは精密な物理科学に従事しなければならない。このような考えによって、近代のテクノロジーは応用される物理科学であるという欺瞞的な幻想が生じる【40】。私はハイデガーの二つの主張どちらにも賛意を示すが、科学史家もまた、ハイデガーに先んじて、このような結論に至っていたことを注記しておく必要がある。

たとえばL・J・ヘンダーソンは、早くも一九一七年に「蒸気機関が科学に依拠するよりも、科学が蒸気機関に依拠するところの方が大きい」【41】と述べている。それというのも、蒸気機関の実験が開始されて早々に、ニコラ・カルノーは、蒸気機関のようにどんな

【38】――発展途上国への技術移転に取り組んでいるエヴァン・セリンジャーは、こうした技術がたいていは、古い機械技術と比べて肯定的で望ましく、力を与えてくれるものとして見なされていると指摘している。
【39】――Heidegger. *The Question*. p.295. M・ハイデッガー『技術への問い』関口浩訳、平凡社、2013年、25頁。
【40】――Ibid., p.294. 邦訳同書、25頁。
【41】――インターネット引用サイト、「休みのない宇宙」より［現在サイトは閉鎖］。http://www.physicalworld.org/restlessuniverse.

に効率的に作られたものでもエネルギーが散逸することに気づいたからだ。これが熱力学への関心の端緒であり、やがては熱力学の「法則」、とりわけ「第二法則［エントロピー増大則］」の発見につながる。歴史的に見ても、この例は非常にアイロニカルで興味深いものである。

というのも、科学は事実として熱力学の理解を、「自然」からというより、むしろ**「テクノロジー」に対する観察と実験から**導き出したからである。物理学者が、エネルギーの散逸が自然にも当てはまり、それによってエントロピーという概念に気づいたのも、その後のことにすぎない。このようにテクノロジーから「自然法則」を導出することは決して珍しいことではないのだ。事実として初期近代科学は自然を「機械的」にとらえていたのであるから当然のことともいえる。とはいえ、これは科学に対する技術の「存在論的優位」についての異なるパースペクティヴを示唆するものである。

私のテクノサイエンスの定式の別の側面も無視してはならない。なぜならより現代的なテクノロジーは、テクノ**サイエンス**でもあるからだ。ここでちょっとした考察を述べておこう。単色でコヒーレント（干渉可能）な集束光の生成はレーザーが発明されるまで不可能だった。しかし、レーザーやコヒーレントな光をしっかり理解するには**光子**が操作できなければ不可能だっただろう。そしてこの光子とは、後期近代の物理学の実践から出現した科学的対象なのである。

さらに今日、食料品店のバーコードをスキャンする機械も、CDのデータを読み取って音楽にする機械も、そして私が持っているレーザーポインターでさえも、すべてこのような科学が可能にしたタイプの技術を活用している。これらの機器は、私たちの生活世界の中のありふれた「科学的」テクノロジーである。テクノサイエンスとは、科学とテクノロジーのハイブリットな成果であり、それらは合成された統一体として密接に結びついている。

テクノロジーの現代哲学

一方でテクノロジーが（現在のホモ・サピエンス・サピエンスである）人類よりも歴史的に古いものであり、他方で、現代テクノロジーがテクノサイエンス的なものであるとすれば、批判的な哲学研究はいかにして前進できるのだろうか。

私自身の答えは、それは現象学的なものであり、最終的にポスト現象学的なものになるということだ。私はこの機会に、三〇年以上にわたって発展させた私固有のアプローチを概説しておきたい。私が**技芸の現象学（phenomenology of technics）**と呼ぶものは、テクノロジーにおける初期人類の仕事に焦点を当てたものである。嬉しいことにこの仕事のさまざまな内容は、実質的にすべての主要な英語圏における技術哲学の論集で再版されている。

技芸の現象学とは、人間のテクノロジーの経験に関するスペクトラムや多様性についてのひとつの見方である。それは『技芸と実践』(一九七九)で初めて形になり、『テクノロジーと生活世界』(一九九〇)で成形しなおされ、改良された。私はここで簡潔な形でのみ、上記の本で展開した人間とテクノロジーとの関係性のセットを、次の章につづく経験的研究を準備するためにレビューしておきたい。

●**身体化の関係**。プラグマティズムも現象学もベーシックな人間の経験を分析の出発点としている。そして私は、後期フッサールとハイデガー、メルロ＝ポンティが実践を基礎にしていたことに同意している。**身体化**とは、実践において私たちが環境や「世界」へと参与する仕方であり、しばしば明確に意識していないにしても、そうした行為の多くは**人工物やテクノロジーの使用を取り入れている**。私はハイデガーのハンマーや、メルロ＝ポンティの女性用帽子の羽、視覚障害の人の杖が、私がここで**身体化の関係**と呼ぶもの、すなわち私たちがまさに**身体経験の中に組み込まれているものとし**

て経験する物質技術や人工物を組み込んだ関係の例示であると理解している。そのような関係は私たちの知覚能力に直接的に参与しているものだ。

私たちの視覚は光学的にメガネやコンタクトレンズによって媒介され、聴覚は携帯電話によって媒介され、触覚でいえば、私たちは**探索棒の先端**で触れている表面の質感を距離を隔てて感じることができる。こうしたケースのそれぞれにおいて、私たちの「身体」の感覚は、方向においても、参照点としても、外部へと身体化されており、テクノロジーは私たちの……［何か］についての日常的な経験の一部となる。さらにテクノロジーは、その道具が単純なものだろうと複雑なものだろうと、新しいものだろうと古いものだろうと、この組み込みの感覚を変えることはない。これらすべてのケースにおいて、テクノロジーは私の身体的で、行為的で、知覚的な私の環境との関係に入り込む。ハイデガーが述べるようにテクノロジーは「退隠する」のであり、私がいうようにテクノロジーは**擬似－透明化**する。したがって、テクノロジーはここでは「対象のようなもの」ではない。テクノロジーは経験の**手段**なのであって、**使用における**経験の対象ではないのだ。私はこの関係を、

（人間－テクノロジー）→環境

環境への、あるいは環境における行為へと方位づけられている。

と定式化した。人工物は、共生するように私の身体的経験「の中に入り込んで」いて、

●解釈学的関係

解釈学的関係。私はいつでも人間－テクノロジーの（経験的な）関係はひとつの連続体を形成すると主張してきた。人はこの連続体に沿って運動することで、より言語的で、意味へと方向づけられた能力を活用するテクノロジーを見出す。このテクノロジーの関与は**アクティブな**ままであるが、そのプロセスは、私たちの身体行為というよりも、私たちが**読んだり、解釈したり**する行為により類似したものになる。そのヒントとなるのは、ハイデガーが例として取り上げた、古いヨーロッパ車の旧式の方向指示器、すなわち意味を伝える装置として、飛び出して方角を指し示すポインターのような機器にある。もちろん書くことも、それ自身ひとつのテクノロジーであり、フッサールによって部分的に分析されたレアケースのひとつである。「書字は」それを学ぶ人の意味の感覚を変化させてしまうものだ。

しかし、私自身のより初期の事例は、「書くことそのものではなく」計器を読むことから引き出されたものであった。いくつもの計器パネルは「指示をするもの」に変わ

りはないが、しかし知覚的にそれらは、ダイヤルやゲージ、またはそれ以外の「読み取り可能なテクノロジー」となって、人間－世界の関係性を形成する。一方で、指示という側面からは、誰かがその装置を「通して読む」のであるが、身体知覚という側面からは、それは読まれる**何ものか**でもある。私はこの関係を、

人間→（テクノロジー－世界）

として定式化する。

●他者性の関係。テクノロジーと私たちの関係のすべてが上記のように指示的なものというわけではない。私たちは、繰り返しアクティヴに、準－対象（quasi-objects）としての、あるいは準－他者（quasi-others）としてのテクノロジーそのものとかかわることもある。**他者性**と述べているのはそれゆえにである。私の初期の著作では、命を吹き込まれたような、あるいは一緒に遊べるような物体、つまり玩具を事例として用いていた。今日ではひょっとすると、**ロボット**の事例を用いたほうがいいだろう。かつて私は日本のデパートで探し物がどこにあるのかという質問に答えてくれるロボッ

トに遭遇したことがある。ここで私は、ある人工物へと関係している。ただし、そのロボットは単純にそれ自身ということではなく、別の何ものかが指示されるための楽しい方法である可能性もあり、そうだとすればそれは解釈学的な機能へと逆戻りする。これを定式化するとすれば、他者性とは

人間→ロボット（環境は背景に退いたままである）

となるだろう。

●**背景的関係**。ロボットの事例はすでに、触れられていない背景を暗示している。私たちが生活し、移動し、直接的に環境にかかわっているとき、環境にある多くのものは主題化されず、当然のこととして捉えられている。そして、テクノロジーが飽和したどのような「世界」でも、この背景には無数のテクノロジーが含まれており、私たちはほとんどまれにしかそのことに気づかない。一度、気温が下がれば、私はサーモスタットをつけるが、いったんつけてしまえば、ハイデガーの「ブレイクダウン」モードとしてそれが停止したり、故障したりすることがないかぎり、まったく気にかける

ことがない。電気は一度ついてしまえば、寝るまで当然のようにそのままである。テクノロジーは単純に私たちの環境の一部なのである。

●関係の存在論（Relational ontology）

以上のように人間－テクノロジー関係のそれぞれのセットにおいて、そのモデルは相互関係的な存在論となる。このスタイルの存在論には多くの暗示が伴うが、そこには人間とテクノロジーがともに構成されているという意味も含まれている。テクノロジーは私たちの世界経験を変形させ、世界についての私たちの知覚と解釈も変形させる。翻って私たち自身さえ、このプロセスにおいて変化させられてしまう。この変形は中立的ではいられない。だから歴史とあらゆる経験的転回がここでは**存在論的**に重要になりうるのだ。このことは、歴史がどんな哲学的分析においても本質的に重要であるというプラグマティストの洞察へと私たちを導く。

私はここでは、この分析の微妙なニュアンスやその詳細についてまで展開させることはしない。しかし私がまさに指摘したいのは、この現象学的分析というスタイルがもつ有効性のことなのだ。すでに示唆したように現象学的分析は、現代のテクノロジーだけでなく、古代のテクノロジーに対しても等しく効果を発揮する。

　古代中国の熟練した書家は、筆が「透明になること」によって丁寧な文体を生み出し、その筆が優れたものになればなるほど、その筆記も優れたものとなった。またこれと同様に、腹腔鏡を使用する熟練した外科医は、最小の侵襲で肩の腱板を修復できるが、これも器具を通じた身体スキルを活用しているおかげである。ここでも、単純であるか複雑であるかの対立はほんのわずかな経験の差異にすぎない。とはいえ他方で、それぞれの特殊ケースを実際に分析してみるまでは、前もって成果を予測することもできない。さらに、スキルを習得していくことについても同様に考慮に入れる必要がある。初心者と熟練者では使用するテクノロジーが違うように見えるからだ。また当然のことながら、テクノロジーは**多重安定的**な傾向があるため、複数の成果が発生することもありえるだろう。

　次章では、すでに一〇年という長期に及ぶ私の研究プロジェクトへと議論を移す。この研究プロジェクトは現代科学にとって最も重要な画像化技術を含むものである。これは、私自身の現代ポスト現象学における「経験的転回」の一例である。そしてこの経験的転回は、他の現代技術哲学にとっても重要な位置を占めるものとなる。

第3章

見えないものの可視化

イメージング・テクノロジー／画像化技術

経験的転回

ここまでにおいてプラグマティズムの観点を取り入れながらテクノサイエンス現象に注目する、修正された現象学、すなわちハイブリッドな現象学としての**ポスト現象学**について概略的に説明してきた。今や私は、科学技術研究や科学技術社会論のプログラムで行われている事例研究を用いて、私自身の「経験的転回」を行いたい。とりわけ現代科学で極めて重要なものとして明らかな特定のテクノロジー群、すなわち**画像化技術**について考察しよう。

科学と技術、つまり**テクノサイエンス**が、現代社会において文化的にも、物理的にも、そして認識論的にも非常に大きな存在感を発揮しているのは明らかである。**テクノサイエンス**という言葉は二つの歴史を、すなわち一方における全人類の起源にまで遡るテクノロジーの歴史と、他方における、それよりも後の、あるいは**近代**の歴史とたいていは考えられてきた科学の歴史とを慎重に結びつけている。

しかし、どのように定義されようともこの二つの歴史は今日ひとつの**ハイブリッドな歴史**としてともにある。私が最近のテクノサイエンスの発展における一端として画像化技術を取り上げることにしたのは、それが与える人間と認識論への影響を吟味するためである。

これらのテクノロジーは、初期近代に起こったあらゆる知識の変化と同様に、現代の世界にとっても革命的なものであると私は考えてみたいのである。

私はこれまで**科学が知を生み出すとき、どんな科学であれ技術的に身体化されている**と主張してきた。この主張は、『技芸と実践』（一九七九）の中に現れるが、『テクノロジーと生活世界』（一九九〇）の中では再度、しかもよりシステマティックな仕方で取り上げられている【42】。この主張は、科学は道具（テクノロジー）を使うのだと述べること以上に、科学は知を生み出すさいに、それらテクノロジーをユニーク、かつ、批判的な仕方で用いるということだ。もちろん私は道具の重要性を指摘した最初の哲学者であるわけではない。たとえば、すでに注記したようにマルティン・ハイデガーが、近代物理学にとっての装置あるいは道具の使用の必要性について言及していた。ほぼ同時期に、アルフレッド・ノース・ホワイトヘッドも多少異なるが、さらにより強い主張で同じ現象を指摘している。

〔ホワイトヘッドは近代科学について以下のように主張する〕……私たちがより高次

【42】——Don Ihde, *Technics and Praxis: A Philosophy of Technology* (Dordrecht: Reidel, 1979) と、*Technology and the Lifeworld* (Bloorilington: Indiana University Press, 1990) を参照せよ。

の想像的レベルにいられる理由は、私たちがよりよい想像力をもつからではなく、よりよい道具をもつからである。科学において、ここ四〇年で起きた最も重要なことは、道具のデザインの進歩である……新たな道具は海外旅行と同じような目的に役立つものであり、それまでとは異なる組み合わせの中で物事を露わにする。そこで獲得されるものは単なる足し算以上のものであり、ひとつの変革なのである【43】。

科学はその本質からしてテクノロジーと結びつけられているという認識は、しばしば遅れてやってくるものだが、とりわけ科学哲学においてそれは顕著だった。しかし私の語り／ナラティヴでは、この結合関係が正確に強調される。しかも私が以下で追跡しようとしている一切のことにおいて、相互作用を通じた多数の変項（variable）が事例として取り上げられるだろう。

第一に私は、そのような変項として**人間の身体化**を取り上げる。私の主張とは、すべての科学、あるいはテクノサイエンスは人間によって生み出されるが、それらは直接的にであれ間接的にであれ、身体行為や知覚、実践を含んでいるというものだ【44】。

第二に私は、科学的な知を生み出すさいの役割として、**テクノロジーもしくは道具**の役割を前面に出す。

第三に私が示すのは、二〇世紀以降、私たちが**第二次科学革命**と呼ばれうるほどの時代に突入しているということである。この時代は、科学的知識のインパクトという点で初期近代の科学革命と同じくらいラディカルなものであり、現代の画像化技術のうちに身体化されたた**ポストモダン的**な道具化とでも呼びうるものによって明確に作り出されている時代でもある。

歴史的なもろもろの変項

この第二の科学革命を位置づけるために、簡単ではあるが科学の歴史の再構成を行っておきたい。しかも、どのようなときでも優れた科学は、たとえ最小限の仕方であれ、**テクノサイエンス**以外の何ものでもないものとして振り返ることによってである。こうした見方

【43】——Alfred North Whitehead, *Science and the Modern World* (New York: New American Library, 1963), p.107. A・ホワイトヘッド『科学と近代世界（ホワイトヘッド著作集 第6巻）』、上田泰治・村上至孝訳、松籟社、1981年、157・158頁。
【44】——Don Ihde, *Instrumental Realism* (Bloomington: Indiana University Press, 1991) を参照せよ。科学の実践理論と知覚理論を発展させたものである。

は、その時代に使われていたテクノロジーのスタイルによって時代を区分するという、歴史のヴァリエーションのタイプのひとつとなるだろう。

それと同時に私は、そのテクノロジーと相関する実践にも注目しておきたい。このように見てみると、先に幾何学の起源について述べた考察と同様、科学の歴史が**多文化的現象**として、よりよく理解できることが明らかになる。ちょうど斜辺の二乗［の三平方の定理］がいくつもの古代文明において発見されていたように、それとは別の科学的現象も同様だったのである。

こうした歴史を示すために私が事例として選んだのは、原始的な科学実践のひとつである天文学である。その理由は、その歴史が他の多くの科学よりもよく知られているからであり、明らかに古代に由来するものだからである。そうはいっても私は、他の科学への言及も折に触れて行うだろう。

私がここで行う歴史的な遠回りは、西洋の支配的な物語、あるいはヨーロッパ中心主義的な物語（マスターナラティヴ）とはかなり異なる。テクノロジーと科学の歴史にかかわる私自身の読解は、知識における革新や進歩がしばしば**多文化的な相互作用が強力な時代**に付随して起こることを確信したものである。

その理由の一端として、そうした時代に生じたもろもろのテクノロジーは交流し、交換されていたことが関係している。たとえば、通例のヨーロッパ中心主義的な物語では、プラトンとデモクリトスはたいてい、最も革新的な科学的洞察をもたらしたものとして信用されている。プラトンによる五つの幾何学的、かつイデア的な天体の形式（四面体、八面体、等々）は、デモクリトスの空虚な空間を動く原子の観念と並んで引用される【45】。

とはいえ、彼らのそうした思索はどこまでも単なる思弁にすぎない。これらの思弁が生産的なものであったのかどうかには議論の余地があるにせよ、私はこれらの思弁から直接的に導かれる単一の科学的発展をひとつも知らない。議論の余地がないのは、彼らはどちらも自分の思弁を実験的に検証する手段を持ち合わせてはいなかったということだ。したがって、たとえ後の世代によって、先見の明があったとみなされるにしても、彼らはどちらも真正なる科学的知識に値するものは何も生み出してはいない。

しかしながら多文化的密度が高まったヘレニズム哲学という後の時代には、アテネで教育を受けた北アフリカ人のエラトステネスが、地球の大きさに関するかなり精密な測定を初めて行っている。

彼の測量法はシンプルな道具（影を落とすためのグノモンや日時計）を利用したシンプル

【45】——David C. Lindberg. *The Beginnings of Western Science*（Chicago. IL: University of Chicago Press.1992）. p.41.

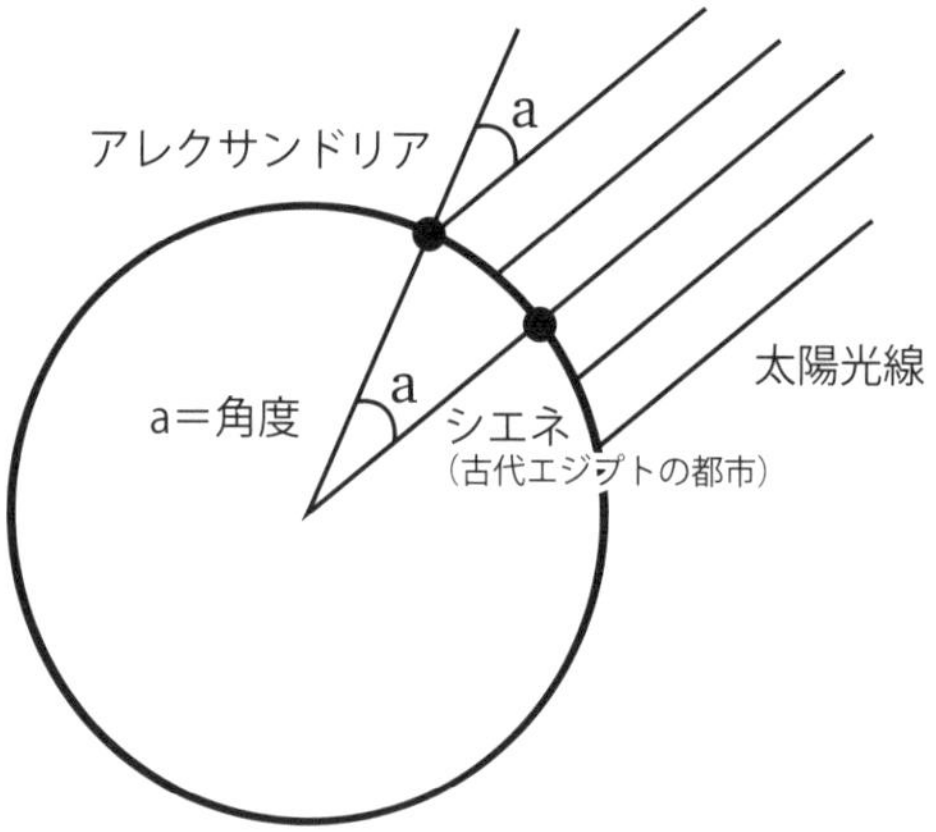

図 3.1　エラトステネスの地球の測量法

な幾何学の初期の応用であり、それはある程度正確な測定結果をもたらした【46】。ここではちょうど私が、以前にフッサールの「幾何学の起源」に対して行ったことを、今度はヘレニズム期のギリシアに当てはめて行おうとしているのが分かるだろう。私は歴史的な科学実践と、それら実践が当時の知識を構築する方法に目を向けているのである。

これと同様に、この時代からずっと後のこと（一四世紀から一五世紀にかけて）ではあるが、ルネサンス期の科学復興に直接貢献したものとして、ユダヤ教やイスラム世界の数学的あるいは計測的伝統に由来する多文化的知識の融合が挙げられる。これに、ポルトガルのエンリケ航海士学校のキリスト教徒の知識が流れ込み交流することで、最初の正確な航海

図 3.2　アラブの天文機器

用の地図と計測法が生み出された。これがヨーロッパから発信されることで大航海時代の始まりを支えることになったのだが、幾何学と道具はここではより一層複雑なものとなっている。

以下で私は、もろもろの科学の中から天文学（およびそれに関連する宇宙論）を選択し、取り上げることになるが、そこで明らかになる内容は、最新の画像化技術革命によってサポートされている現行のほとんどの科学に該当する。この革命の中心には、さまざまな新しい道具のスペクトラムが存在している。これらの道具は、二〇世紀後半以降、通常の人間の知覚能力を超過した放射現象を画像化することで、星や銀河、

【46】──Robert Crease, *The Prism and the Pendulum: Science's Ten Most Beautiful Experiments*（New York: Random House, 2003）.

それ以外の天体現象の本性にかかわる知識を生み出してきた。ここに一冊の本、『新天文学』なるものがあるが、それはこの革命を以下のように記している。

この「新しい天文学」は二〇世紀後半の現象であるが、それは私たちの宇宙に関する概念を完全に変革した。伝統的な天文学は、宇宙の物体からの光（光学的な放射線）についての研究に従事していたが、新しい天文学では、天体から放出されるすべての放射線、すなわちガンマ線、X線、紫外線、光、赤外線、電波などを包含している。光の範囲は驚くほど限定されているものだ。光が含んでいるのは、私たちの目の感度が最も良い波長から三〇パーセント長いか短いかの範囲の放射線だけである。新しい天文学では、［可視光と比べて］一〇億分の一以下の極端に短い波長から、最長の電波の場合は一億倍以上の長さの放射線までをカバーしている。音にたとえていえば、伝統的な天文学は鍵盤の中心のドの音とそのすぐ両隣の二つの音しか聞こえない耳で宇宙のシンフォニーを理解しようと腐心していたようなものである【47】。

このような叙述は、科学的レトリックとして度々用いられる誇張表現ではある。しかしそれでも科学において新たな変革が起きたことが示されている。この新たな展開を位置づ

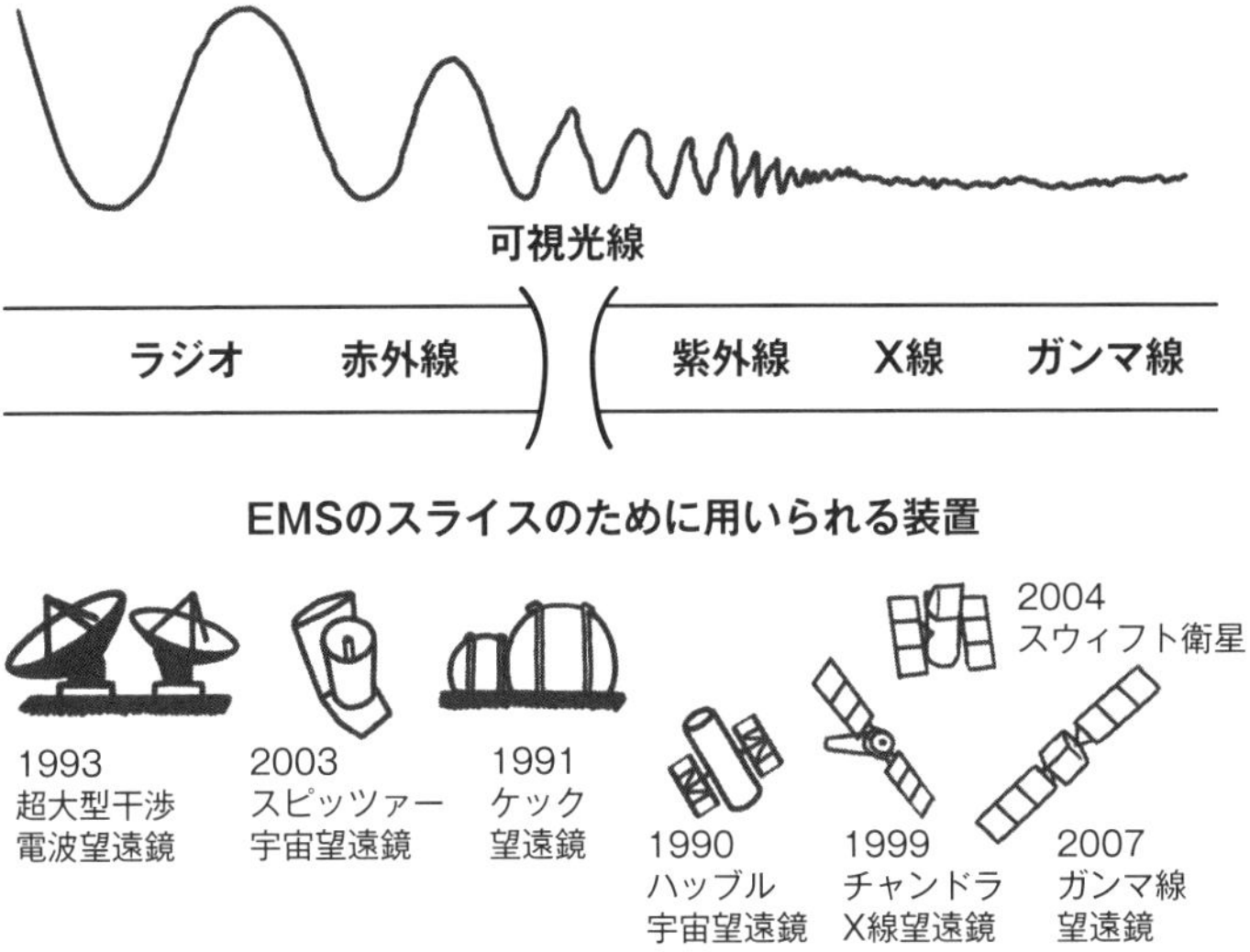

図 3.3 電磁波のスペクトラム

けておくために、天文学の途方もなく広大な歴史に関する小括をしておこう。

●人はいつも空に魅了されつづけてきたといえるだろう。科学へ向かう本質的な実践のひとつ、すなわち知覚による測定は、先史時代にその証拠がある。氷河期(二万年以上前／20,000+BP)から月の周期が骨や石に刻まれている(このBPは「現在から遡って(before present)」を意味する科学上の日付の慣習であり、それに私は従う)。

【47】——Nigel Henbest and Michael Marten, *The New Astromy* (Cambridge: Cambridge University Press, 1996), p.6.

●オーストラリアのアボリジニ［原文ママ］のシステムは星を色（白、青、黄色、赤）で符号化するものであるが、裸眼ではほとんど見えない星に星座の名前をつけるためにそれが用いられていた。しかしそのシステムがどれほど古いのか誰も知らない（一万年以上前／10,000+BP）。

●筆記文字が現れるころには（少なくとも楔形文字が現れるころだが（六〇〇〇年前／6,000BP））、古代バビロニアの天文学に基づく膨大な数の石板が作られていた。そこには恒星と天体の運動がリスト化され、分類、暦、至点が記されているが、そうしたものがバグダッドの保管庫で（幸運なことにいまだに）何千枚も発見されている。

●実際、太陽の至点、星の動き、月と太陽の周期をマークすることはすべての古代文明に、すなわちメソアメリカ、中国、インド、中東の文明などに属している。しかも近代に至るまで、これら文化の多くではヨーロッパのものよりも精確な暦が作られていた。

こうした古代の実践は、しばしば高度に洗練されており、システム的でもあることから、古代の日食、彗星、新星の証拠を吟味することもできるし、場合によってはそれらを予測することもできる。私はここで以下のことを指摘しておきたい。

一方で、厳格なヨーロッパ中心主義の科学哲学者は、［科学と疑似科学との］**境界設定問題**を取り上げ、そうした古代の成果は（農業や宗教、占星術の実践といった）異なる文化的実践の中に埋め込まれているため、「真の科学」ではないと主張する。しかし他方で、同じことは初期近代までのヨーロッパ中心主義的な科学にも妥当するともいえてしまう。実際に数年前、ケプラーが示した占星術についての恥ずかしい発見は、そのような境界設定問題が、もし妥当であるとしてもごく最近ものにすぎないという証拠である【48】。いずれにせよ、天の周期と観察可能な現象についての古代の知識は、現在でも有効なことに変わりはない。

また、以下のことにも注意しておこう。つまり私たちがこの古代の天文学を、私が関心を寄せてきた変更理論で吟味するとすれば、この段階における天文学は人間の感官による知覚と、計測し計算する実践、そして最小限ではあるが、いくつかのテクノロジーを取り

【48】——ケプラーが占星術に従事していたことを示す新たな草稿が二〇〇〇年に広く報告された。

入れて使用すること、これらを組み合わせたものであることが理解される。

トナカイの骨に刻まれた暦、インカの円形の暦は記録装置であり、範囲と方位にかかわるテクノロジーの使用も古代から存在する。今やストーンヘンジは、太陽の至点と星の運行を示す方位を取り入れたものとみなされている。［特定の星や星座の方位に向けられた］古代の光のシャフトはエジプトのピラミッドからホピ族に至るまで似たような目的を果たすものである【49】。したがって極めて初期の天文学には、高度に訓練されてはいるものの通常の人間の肉体的な知覚と単純なテクノロジーが属している。そして、これらは大半の古代文化で起きていたことであり、初期近代の科学にのみ関係づけられるわけではない。

私が**テクノサイエンス**と呼んでいるものの第二ステップは、画像化に最初の革命を引き起こしたものである。これは、**光学**、つまり**レンズ・テクノロジー**の発明と使用によって生じる。ヨーロッパ中心主義的な説明では、この運動はたいてい一七世紀初頭の望遠鏡の発明に関係づけられ、ガリレオにその功績が帰される。実際にガリレオは、オランダでハンス・リッペルハイによって発明された単純な望遠鏡について見知っていた。さらに彼はすぐに改良された望遠鏡のシリーズを制作し、観察をつづける中で、**それ以前には決して見ることができなかったが、今は望遠鏡のおかげで見ることのできる現象**についての主張を行った【50】。そうした主張には、（1）月の山々とクレーター、（2）金星の満ち欠け、（3）

木星の衛星、そして彼を異端審問のトラブルへ巻き込み始めることになった観測、（4）太陽黒点を含んでいた。

ガリレオの功績を決してないがしろにするわけではないが、彼が成し遂げたことは多文化的なパースペクティヴで補足される必要がある。

たとえば太陽の黒点は、早ければ紀元前四二五年の古代中国において観察され、記録されていたことが今では知られている【51】。中国の原始的な鏡は、最初は黒いクオーツ（石英）で作られていたが、それによって黒点の観測が行われ、記録されていたのかもしれない。とはいえ、地上と天界を区別する二元論的な物理学が存在しなかったために、太陽の黒点は中国における重要な宗教上の教義を揺るがすまでには至らなかった。またアフリカの古代ドゴン族は、木星を裸眼で「角のある惑星」と呼んでいたが、これは木星の衛星がおぼろげながらも知覚的に観測されていたことを暗示しているかもしれない。「ただし」こ

【49】——Anthony Aveni. *Stairways to the Stars: Skywatching in Three Great Ancient Cultures* (New York: Wiley, 1997).

【50】——Daniel Boorstin. *The Discovers* （New York: Vintage Books, 1983）, p.314-315. D・ブアスティン『大発見：未知に挑んだ人間の歴史』鈴木主税・野中邦子訳、集英社、１９８８年、３６７頁。

【51】——Dick Teresi. *Lost Discoveries* （New York: Simon and Schuster, 2002）を参照せよ。D・テレシ『失われた発見：バビロンからマヤ文明にいたる近代科学の源泉』林大訳、大月書店、２００５年。

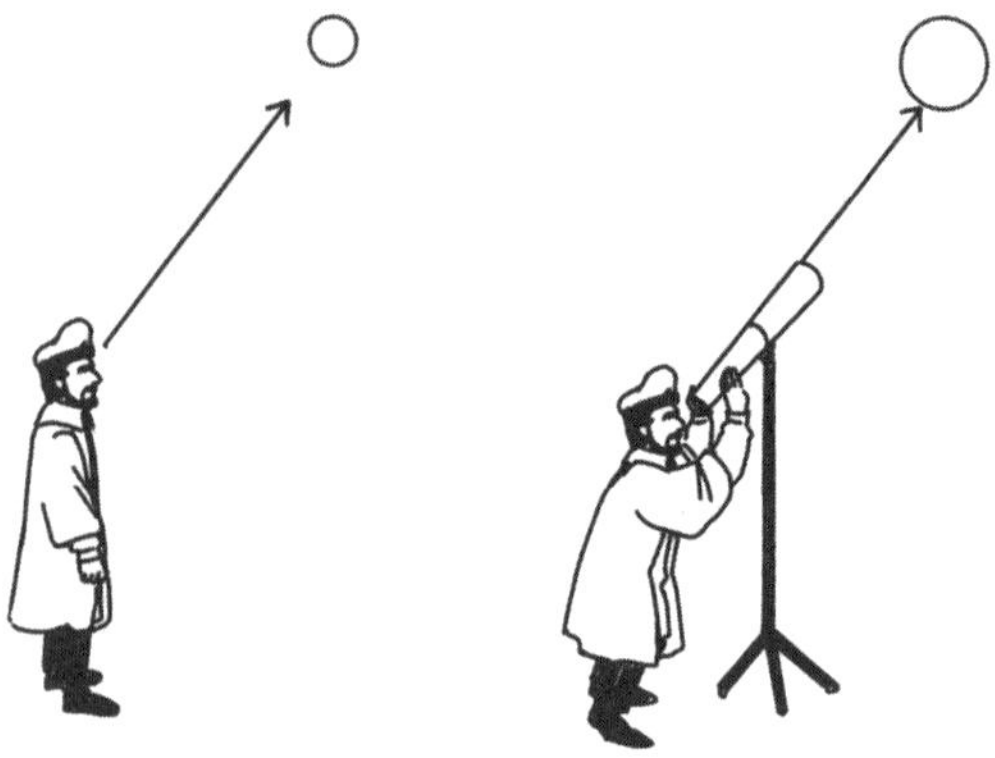

図 3.4　ガリレオと望遠鏡の有無

の主張の根拠はまだまだ弱い。

さらに光学についての科学的説明に関しては、アラビアの哲学者イブン・アル＝ハイサム（ラテン名：アルハゼン）が、後に多くの科学的機材のモデルとなった**カメラオブスキュラ（暗い部屋／カメラの原型）**を考慮しながら、一〇三七年に論文を執筆している。

とはいえ、レンズが最初に出現したのが世界のどこであっても、それは根本的に新しい科学的知見を構築する可能性をもたらした。レンズ・テクノロジーは、人間の視野を媒介する新たな形式を生み出したのだ。望遠鏡は、人間の知覚を以下のような新しい方法によって媒介している。すなわち、ここでの身体化された観察者とは、彼あるいは彼女の活動する身体と観察される対象の間に文字通り——初めて——位置づけられるテクノロジーを取り入れた。

こうしたコンテクストの中で、視覚は空間－時間的な影響とともに一連の現象学的な変容を被る。ガリレオの月は望遠鏡によって拡大されるが、それを固定しておくのが難しい場合、天文学者の身体の動きも同様に拡張される。したがって「対象の」拡大が生み出すのは、望遠鏡がない場合に比べて、観察者と観察される対象の双方が「より身近に」なるという**見かけの距離**だけでなく、より速い**見かけの運動**という意味で時間も拡大されている。その結果、器具による媒介が、それなしでは見えなかったもの、見ることができなかったものをもたらし、器具に媒介された新たな視覚が生み出されたのだ。ただし、先に注記しておくが、望遠鏡を用いた視覚は、完全に視覚に**類似**したままである。ガリレオは、眼球と望遠鏡を通して見える月の見え方を変化させることで、二つの変項における月の「同一性」に簡単に気づいている。

この拡大され、媒介された視覚は、私が**テクノロジーの軌道**と呼ぶものの可能性を示唆している。この軌道とは、器具において発見された能力が、この場合は鮮明に拡大することを意味するが、それが徐々に強化されていく道筋である。ガリレオは、リッペルハイの望遠鏡ではたった三倍だった拡大率の開発を、彼の生涯において九倍へ、そして最後は三〇倍近くにまで押し進めた。ただしこの改良でさえ、ガリレオが土星の「突起」と呼んだものを明らかにするには十分ではなかった。しかしそれからたった数十年後に、クリスティアーン・ホイヘンスがさらに強力な望遠鏡で土星の突起を観察して、それがリングであることを突き止めた【52】。

初期近代の天文学にとってレンズ・テクノロジーはラディカルなものだったが、それらは**視覚に類似する**テクノロジーにとどまっていた。この光学的な軌道はおよそ四〇〇年間つづき、二〇世紀まで乗り越えられることがなかったのである。この最初の革命が成し遂げたことは、よりはっきりと、より大きくという意味での拡大であったが、そのすべては人間の視覚それ自身の限界内、あるいはそのほぼ限界内にあった。この技術的な限界は、人間の身体的限界、視覚的限界とほぼ同形にとどまっていた。

さて、天文学の長大な歴史の一端を垣間見ることで、さらにそのプロセスにおいてどのように歴史が人間による異なる道具的実践を通じて区別されるのかをある程度理解することで、私たちは今やこの歴史を以下のように図式化できる（図3・5を見よ）。

最初期にも人は道具を必要としてはいたが、その観察は「目視」によるもので補助はなかったのが分かる。その器具は、「計測する知覚」を行うための固定された基準を提供して

【52】——Edward R. Tufte, *Visual Explanations* (Cheshire: Graphics Press, 1997), p.24.

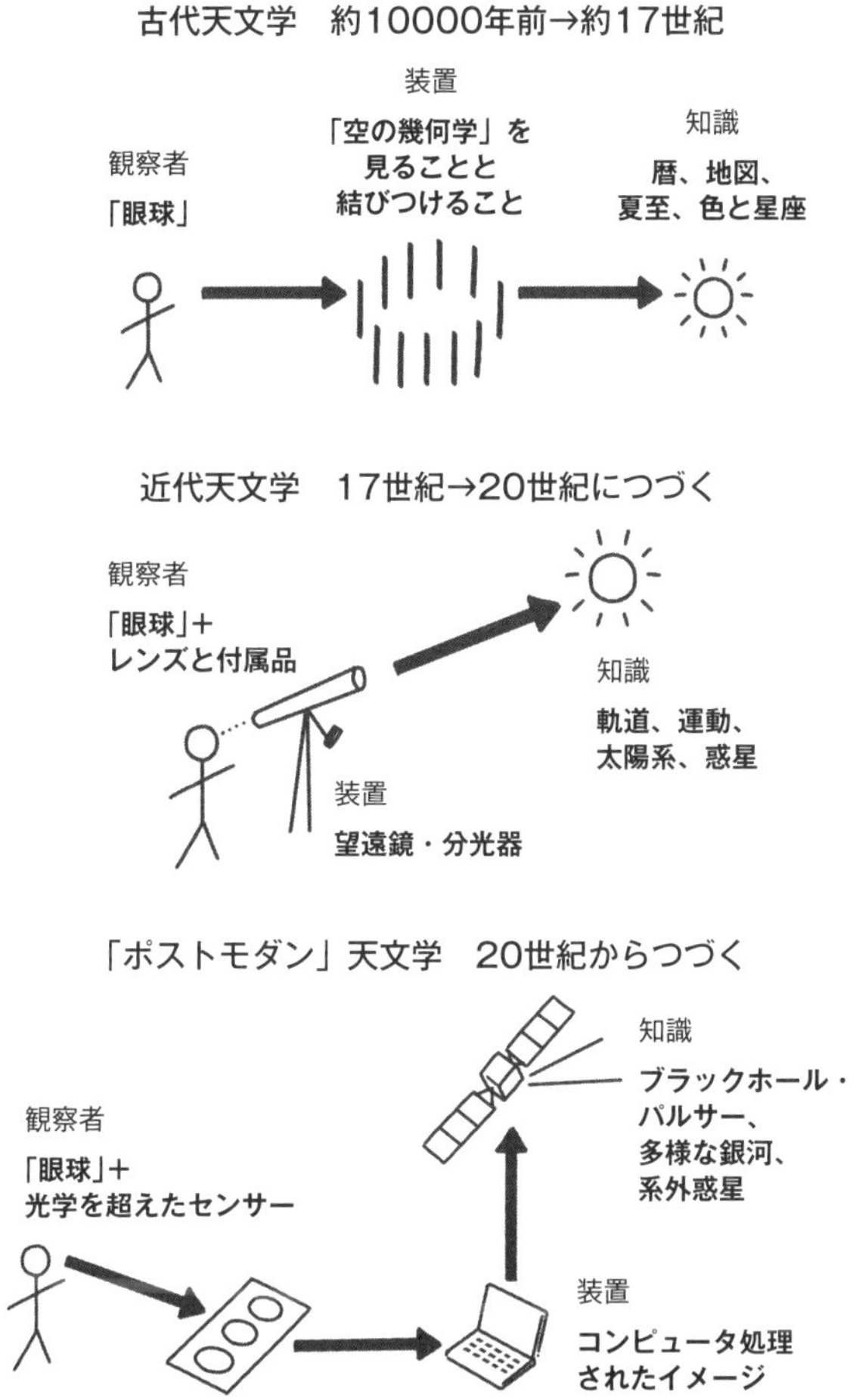

図 3.5　天文学の歴史的ステージ

いた。第二の時期は、近代科学の初期とほぼ一致するのだが、光学的な発明、すなわち望遠鏡が用いられた。それは拡大を通して視覚を変容させ、突然、見ることができるものを増やし、したがって「世界」を増大させた。その次のステップになると新しい機器が、以前には知られていなかった仕方で、つまり光学的で可視的な光の限界を超えることによって観察を拡張させ始める。

第二の革命

さて、現代へと戻ることにしよう。ひとつ興味深い問いが浮かぶ。どのようにして新しい天文学が存在するようになったのか、というものだ。予想される答えは、二〇世紀半ばに起こった技術開発のうちにある。繰り返すと、その答えは新しく開発されたテクノロジー、すなわち今回は電波テクノロジーを意味している。

まず初めに、ある人がラジオ放送を暴風雨の間に聞いていると、シューと放送をかき消すほどのノイズがする**空電**が発生していた。敏感なリスナーたちは、空電の大きさでおおよその嵐の距離と、アンテナを旋回させることでその方向を特定できることを学んでいた。アンテナを天へと向けたとき、より微弱な空電が、宇宙そのものからやってくることが判明したのは、それからほんの後のことだった。再度、『新天文学』から引用しよう。「新しい天文学の急速な成長は、部分的には、地球のかなたからの電波を一九三〇年代に偶然発見したことによる」【53】。

　やがて、これらの地球外から届く波の「ノイズ」は、宇宙それ自身の背景放射として認識され、同定されることになったが、一九七八年になるまで、これを発見したロバート・ウッドロウ・ウィルソンにノーベル賞が与えられることはなかった。一九三〇年代以降、電波はレーダー技術も加わることで電波天文学へと発展することができた。それによって見ることのできない現象が、空間的に特定できる電波の発生源として位置づけられることになる。聴覚と類似する電波天文学は、視覚的な天文学の限界を超えた現象を天文学へともたらした。天文学がそれまで完全に視覚と結びついていたとすれば、「電波」天文学は実に奇妙に思われたにちがいない。しかし今や明らかなのは、天体の放射はどうやら**人間の視覚の限界を超過する**ということなのだ。

　再度私は、この発見に多文化的な含意を締めくくりとしてつけ加えたい。ヨーロッパでは、一九世紀にすでに、ひとつの発見があった。その発見とは、いまだ光周波数と呼ばれ

【53】——Henbest and Marter. *The New Astronomy*, p.6.

るものの範囲内ではあるが、光の放射が厳密に可視限界を超過していることが認識されたことである。ウィリアム・ハーシェルは、プリズムや初期の分光器を用いて実験をしているとき、可視光のスペクトラムの赤色の端にある範囲を超えると、暖かく感じられることに気づいた。後にこの見えないが感じられる放射線は**赤外線**として同定され、一九世紀後半には分光学的に画像化できるようになった【54】。とはいえ、赤外線の画像化が詳細な成果を生み出せるようになったのは二〇世紀後半から二一世紀初頭になってようやくである。

これと似たような発見が、ただし今度は聴覚の限界にかかわるものだが古代中国でも行われていた。中国の学者たちは、聴くことのできる音を超えた音が存在することに気づいていた。鈴の振動は耳で聞くことのできる音を超えて持続するが、それは感じる／触れることで体験される。彼らはそのような振動は聴覚を超えて延長するひとつの連続体に属しており、鈴から発せられるものだと認識していた【55】。

繰り返して強調したいが、科学も科学的発見も、ヨーロッパ中心主義が支配する物語に単純に属するものではない。しかも私が伝えたいことは、それよりはるかに強力なことを暗示している。すなわち優れた科学とは、いつでもそのような認識が行われうるものであり、かつ、そう認識されることによってより頑健になりうるということだ。上記の事例においてを認識されたことは、私たちの感覚経験に基づき、それから連続する何らかの現象が、

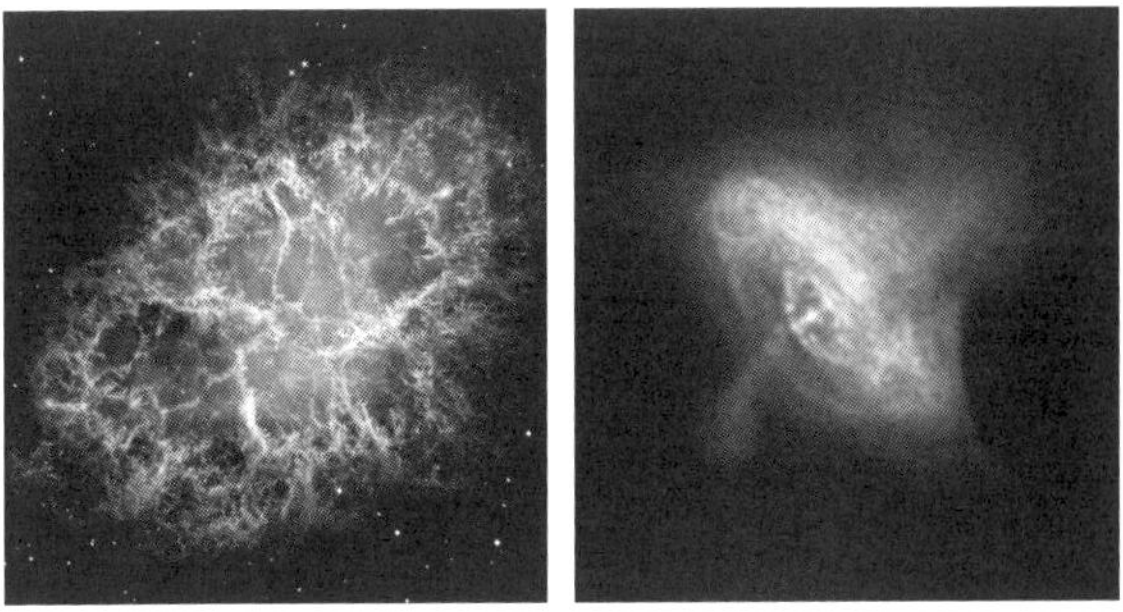

図 3.6　EMSスペクトラムの断片（NASA）

私たちの身体的な検出能力を超過しているということであった。

電波望遠鏡は、光学的な限界を超えた最初の天文学的な画像化であったが、その後、**マイクロ波の放射スペクトラム**の画像化も可能になった。ここで私たちは二〇世紀にたどり着き、正式な意味での画像化革命に出会うことになる。初めに、この画像化［のテクノロジー］が正確に示されているいくつかのイラストをお見せしよう。それらは異なる放射線のスペクトラムの部分から撮影された一連の画像である。

これらの画像それぞれは、複雑だが単一の機材セットによって生成されるもので、電磁波スペクトラム（以下では、EMSと呼ぶ）をいくつか**スライス**するよう調整

【54】——J. B. Hearnshaw, *The Analysis of Starlight* (Cambridge: Cambridge University Press, 1986).
【55】——Chen Cheng-Yih, "Acoustics in Chinese Culture," *Encyclopedia of the History of Science, Technology and Medicine in Non-Western Cultures* (Dordrecht: Kluwer, 1997), p.10.

されている。左側の画像は、光学的なもので、ＥＭＳの可視光線の周波数に由来するものを意味する。右側の画像はＸ線のスライス、電波のスライスなどに基づくもので、ＥＭＳ独自のスライスを画像化したものである。この画像は人間の知覚の範囲を超えており、**そうした放射はどれも直接的には知覚できない**。

そもそも二〇世紀以前には、前記の画像を生み出す機器も、その結果として**新しい科学的知見**を生み出す機器も存在しなかった。しかし前記の画像によって私たちは今や、中性子星のパルサー、太陽系外の惑星、ガンマ線の波動、そして限りなく膨張する宇宙を構成する一連の物体といった現象を「見る」ことができる。こうした例から、**テクノロジーによって媒介されることによってのみ新しく知識が生み出されることが可能になる**というのは明らかなはずだ。

ここで私たちは、天に関する私たちの考えがこの道具革命においてどれほど大きく変化したかを忘れるべきではない。最近私は、『ミス・リービットの星たち：宇宙の計測法を発見した女性の知られざる物語』（二〇〇六）という素晴らしい本を読んだ。その本は「標準光源（standard candle）」の発見についてのものであった。それは、計測可能で規則的な変動を示す明るく輝く星であり、以前は測定不可能な距離に属していたものであることが徐々に認識されていったのである。

私は天文学における標準的な見方では一九二〇年になっても、たった一つの銀河（私たちの天の川銀河）しか存在していなかったことを学んで衝撃を受けた。現在、一四〇億年の宇宙には、数百万個の銀河が存在し、それらは多彩な形（渦巻き、砂時計、ツノなど）に分類され、編成されている【56】。銀河の数が多くなるにつれ、宇宙にはパルサーやブラックホール、宇宙X線源など二〇世紀以前には単にまったく知られていなかった多様な天文科学の物体（現象）がずらりと並んで密集している。

さて、上記の発展は、身体化、テクノロジー、そしてテクノサイエンスの各実践において私が選択したいくつかの変項（variables）と関係づけることで何を示すだろうか。第一に、すでに述べたように、道具もテクノロジーも「新しい天文学」から創発する科学的知識の産出にとって明らかに本質的であり、不可欠である。もしパースペクティヴを**反省的に逆転させる**のであれば、人間の身体化の問いが再び浮上してくるだろう。一部の人が主張するように、私たちは今や「ポストヒューマン／人間以後」の時代にいるのではない、と私は考えている。むしろ私たちは今や、新しい画像化［技術］とともに人間‐技術‐知識の

【56】——George Johnson, *Miss Leavitt's Stars: The Untold Story of the Woman Who Discovered How to Measure the Universe* (New York: Norrton. 2005).

［以前とは］異なる種類の関係を、つまり私が**身体化された解釈学**と呼んでいる関係を生きているのだ。人間の身体化と知覚への反省的な参照は残りつづけているが、それは異なる仕方で位置づけられている。

画像の例へと話を戻すと、どのケースにおいても新しい画像は**知覚可能**で「**読解可能な**」結果を生み出す。強度と形状を伴った放射パターンは今や、機器によって身体的に知覚可能な画像へと翻訳され、観察者－科学者によって知覚されて「読まれる」。私が**翻訳**と呼んでいるものは、ある現象を読解可能な画像へと技術的に変形することである。これは解釈学的なプロセスと類似している。ただしそれは、テクストや言語といった現象に限定されたものではなく、この事例では**物質的な**解釈学のプロセスなのである。

第二に、画像はたいてい科学が好む視覚中心的なモードにおいて知覚可能であることから、それは人間の視覚によるゲシュタルト化の能力にとっても有効である。そのおかげで人は表示されたパターンを「一挙に見て取る」ことができる。この意味において、それは**現象学的な解釈学**なのである。したがって新しい画像化［技術］は、身体化から距離を取るというよりはむしろ、身体化された観察者に空間的にも知覚的にも「距離の離れた」何ものかを近くにもたらす新しい方法を生み出す。

新たな画像化［技術］には、はるかに多くの解釈学的な類比物が見出されうるのだが、私はここではもう一つだけ紹介することにとどめたい。この新たな画像化には、さまざまなテクノロジーが活用されている。光やガンマ線、X線はすべて、異なるセンサーあるいは受信装置によって取り集められる。それらの装置はどれも放射線スペクトラムの「切断面／スライス」を生み出すが、これらの「スライス」は現象学的な変項にも似ていて、それぞれが天体現象の異なる側面を示すことができる。たとえばカニ星雲のX線スライスは、その中心にあるパルサーの発生源と、それに加えて回転する中心から放たれる放射線ジェットというドラマティックな結果を示している（図3・6の画像を参照せよ）。「それに対して」興味深いことに、カニ星雲の合成画像が表示されている場合（これはいくつかのスライスを組み合わせて合成結果を生成するコンピュータ断層撮影法によってのみ可能となるのだが）、パルサージェットの特徴は隠されてしまう。

したがって、この第二の革命と私が呼ぶものの主要な**ポストモダン的能力**とは、**身体であろうが知覚であろうが**直接的な身体の感覚能力では**まったく経験できない**現象を画像化する能力のことである。しかし、そのような現象は、テクノロジーあるいは道具によって**媒介されれば**経験できるようになる。その意味で、以下のように強調することも許されるだろう。つまり道具による媒介がなければ、そのような現象の経験もまったく不可能である。道具なしには科学もない。

この点でガンマ線やX線、紫外線、可視光線、そして電波の新しい画像化装置は、単なる望遠鏡の改良形だと考えたいかもしれないが、そうではないのだ。これらは、複合的で複雑なものであり、その結果の処理にコンピュータやデジタルテクノロジーが組み込まれている。こうしたことが、新しい画像化テクノロジーを初期近代の古い光学テクノロジーとは異なるものにしている。それは初期近代の光学テクノロジーが肉眼による観察と異なっていたのと同様である。

この画像化革命が成し遂げたものをあらかじめ要約しておこう。第一に、光学的スペクトラムの限界を超えた放射を発見できるセンサーは、「感覚外のものの」画像化を可能にする。第二に、デジタル処理やコンピュータ処理が組み合わされることで、**画像構築**の新しい処理能力が可能となる。そのような処理のひとつは**データを画像に、そして画像をデータに転換する**もので、これはコンピュータによって可能になった。ひとつ個人的なエピソードを取り上げよう。数年前に私は、ひとつの添付ファイルを私の年長の息子から受け取った。私はそれをダウンロードし、プリントアウトしたが、それは文字化けし、意味不明な文字の羅列が約二四ページ分もあった。

より優れたコンピュータをもっていた私の妻が、その添付ファイルを画像形式でダウンロードすることで、それが息子やその妻、そして新しく生まれた孫のデジタル画像であることが明らかになった（！）。

天文学において、宇宙探査機が金星のレーダー画像を撮影するさい、まずは画像化された結果が保存されねばならず、その後、線形の難解な文字列へと変換され、地上局に送信される。そして画像へと再変換されねばならない。とはいえ、この単純なデータ⇅画像の変換以上の構築可能性がここには存在している。ある画像は、単に**強調やコントラストの操作**と言われているものによって、**操作されている**かもしれない。

私は実は「**偽色（false color）**［デジタル処理によって生じる撮影対象には存在しない色］」という言葉が好きではない。というのも、それは何らかの「真なる色」を暗示してしまうからだ。むしろ私は**相対色（relative color）**という語の方がいいと思っている。**必要とされる目的に関連づけて**色または色彩の配合が選択されるという意味である。相対色は、私たちの関心や目的と関係することから、私たちが探し求めているものをより良い方法で正確にもたらすことができる（［しかし］私は、科学界が自分のこの異論に注意を払うように促すのに失敗してしまった）。

私の二つ目の事例は、レーダー画像によってもたらされた金星のクレーター画像である［本書の中国語版には実際の画像が挿入されている］。とはいえ、この画像は過剰に誇張されており、とりわけ垂直方向のスケールが拡大されていた（この場合は二二・五倍！）。しか

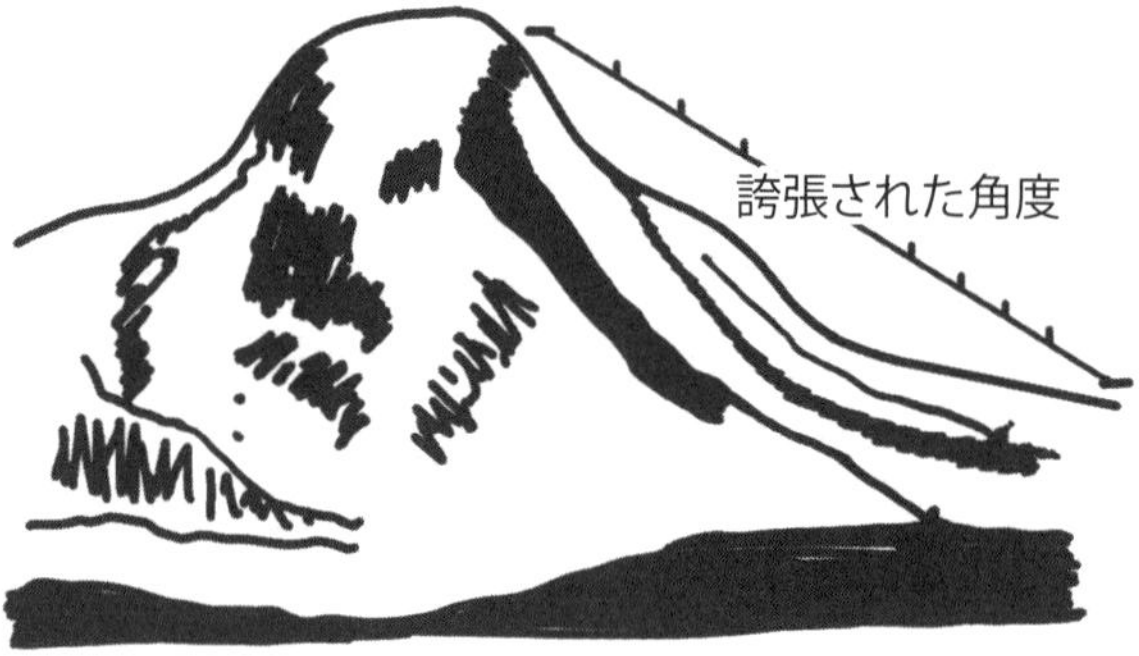

図 3.7　金星の火山のデジタル処理による誇張

もこの強調された画像のまま、科学ドキュメンタリーが典型的な誇大広告となってテレビ放映されたのである。

天文学者の中には、金星には三パーセントの勾配を超えるクレーターは発見されていないと指摘し、そのような誇張に反対する「平面金星協会」を設立すべきだと提案するものもいた【57】。興味深いことに、私はこの誇張された画像が何度も出版され、再販されているのをたびたび見てきた。その中には本書でも引用した『新天文学』が含まれているが、その本には垂直方向のスケールが二二・五倍も誇張されていることを示す注記がサブタイトルに含まれている。

ここまでの私の話は天文学だけを対象としていることから非常に狭いものであり、しかも少数のプロセスしか扱っていないために限定的である。しかし私の主眼は、テクノサイエンスにおける新たな展開としての画像化テクノロジーが、科学的知識の生産にとってどのような革命をもたらすかを示すことであった。ここでさらに二点だけつけ加えたい。

第一に、私が天文学に限定して説明してきたこととまったく同じ洞察は、多くの他の科学にも容易に当てはめられる。医学における画像化の例を取り上げてみよう。医学においては光学の領域を超えたものの画像化は実のところ天文学よりも早くから始まっていた。X線の発見（一八九五）により、一九世紀末には物の内側を画像化できるようになっていた。これらはすぐに医療プロセスに応用され、初期のX線はたとえば、人体内にある弾丸を摘出するためにその位置を特定することができた【58】。二〇世紀後半には天文学で注目されたのと同じ「スライスと合成」プロセスが、医療プロセスでも標準となっていた。高度なX線技術、たとえばCT（コンピュータ断層撮影）スキャンは、二〇世紀の終わりには磁気共鳴画像診断（MRIと現在のfMRI）によって補完され、そしてこれらも、陽電子放出断層撮影（PET）によって補われた。

【57】——Edward R. Tufte, *Visual Explanation* (Cheshire Graphics Press, 1997), p.24.
【58】——Betty Ann Kevles, *Naked to the Bone* (Reading, MA: Addison-Wesley, 1998).

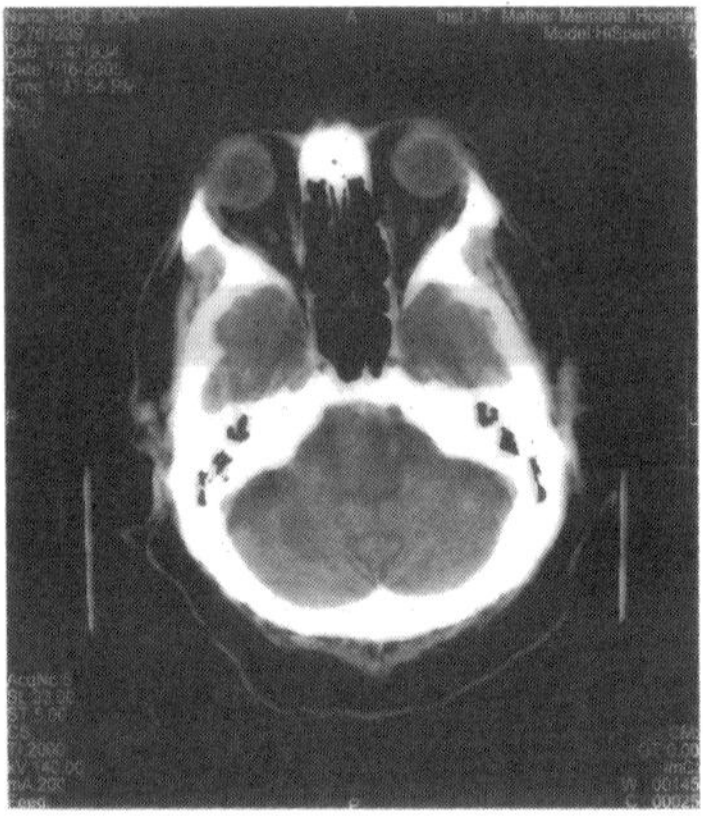

図 3.8　アイディの脳：CT スキャン

天文学と同様に、「スライス」と「合成」が可能となり、それらの処理が行われた画像が生み出された。とはいえ、天文学においてはしばしば「スライス」が最も重要だとみなされるのに対して、医学においてはしばしば合成の方がより重要であるとみなされている。たとえばMRIやCT、そしてPETのスキャン合成によって、脳腫瘍のヴァーチャルな三次元画像を示すことが可能であり、それが外科医の補助となっている。

私がこのことを示したのは、今日の画像化テクノロジーの革命が膨大な数の科学に浸透し、同じ原理に従って機能していることを単純に示唆するためである。そのすべてが光学スキャンや光フォトグラフィといった以前のレベルとは質的に異なるレベルで機能している。

最後に私は、新しい画像化［技術］に関連して注記していた、いくつかの特性を含む単純な形式の語り／ナラティヴに戻りたい。これらの歴史を折に触れて前方へと、もしくは過去へと遡及するように「スキャン」しながら、私が何を示唆し、そして、なぜその結論に至るのかを示したいのである。そのために私が作成した天文学の歴史のチャートへと戻ろう（以前の図3・5を参照）。

もし私たちがこのチャートを前方へと、つまり昔から現在へと読み込むとすれば、トーマス・クーンが「通常科学」と呼ぶ長い期間が存在するように見える。その期間は、技術の進歩を伴いながら天文学の知識が増大しつつ蓄積されてきた時代である。それから、私が指摘した身体化、実践、テクノロジーの各変項との関連において古代の天文学が「目視」による観察に拘束されたままの視野もしくは知覚的実践に限定されていたことに注目できる。

たしかに、古代の天文学者は非常に優れた視力をもち、厳しい訓練を受け、天体を何度も観察するよう忍耐強くなければならなかった。おそらく天に対するシステム的な関心が始まった当初から、実用的な目的のための単純な器具やテクノロジーがその実践の中で使用されていた。記録技術（骨に刻まれた暦）に加え、おそらく他の装置も星の出没と位置（至点）をマークするために使われていただろう。それゆえ身体化と道具化は、先史時代にまで遡るものである。

［しかも］こうした実践は一九世紀になってもまだつづいていた。天文学者ウィリアム・ハーシェルの妹、カロライン・ハーシェルは一八世紀で最も才能のある彗星観測者の一人だった。彼女は注目したい空の一部のアウトラインを把握するために単純なフレームを使用していたが、彼女の鋭い視覚による実践と知覚によって、認識可能な背景から浮かび上がる対象として（ぼやけた見た目と比較的速い動きをする）いくつもの彗星を同定できた【59】。こうした歴史において正確な暦、天体のタイプ、至点といった知識が蓄積されてきたが、これらはすべて、私の理解によれば有効な科学的知識であり、その歴史は実に長く、少なくとも数万年にわたる。

一七世紀に始まる近代天文学では、レンズ光学の発明と組み合わされたテクノサイエンス革命が起こった。ここで、もろもろの変項が変化していく。人間の視覚が「眼球プラス光学」となる質的変化が生じる。対象の拡大やそれ以外の光学効果によって観察行為の現象学的時空が変容するのだ。以前、目視では見えなかったものが、今やレンズに媒介されて見えるようになる。

しかし、ある対象がレンズでフォーカスできる見かけの距離に、あたかも文字通り空間的に位置するように見えるかぎり、それは目視による視覚と同形のままである。またそれは、もし観測者がレンズによって現象学的に与えられる位置に文字通りいた場合でも、同じものを見るという点でも厳密にアナログのままである。［だから］ガリレオは、望遠鏡で見た月と目視による月を変化させた場合でも、それが「同じ」月であることを簡単に認識できたのである。そして、望遠鏡への信頼がいったん確固たるものになると、その変項がもはや不可能になったとしても、レンズに媒介された視覚という「道具的リアリズム」は安定したままとなる。現代の科学哲学者の一人バス・ファン・フラーセンは、これこそ主張できる唯一の種類の「リアリズム／実在論」であると依然として考えている【60】。

しかしもしそうだったとすれば、［その後の］科学の大部分は単純に不可能だっただろう。一七世紀に始まるこの時代も比較的長くつづき四世紀に及ぶが、それ以前の数千年よりははるかに短い。そして古代と同様、その内部には多くの［テクノロジーの］洗練と改善が見出されるが、同じ質的レベルの実践の範囲内にとどまっていた。

繰り返しになるが、第二の革命は、天文学の「ポストモダン」時代と私が呼ぶもののう

【59】——Thomas Kuhn, *The Structure of Scientific Revolutions* (Chicago, IL: University of Chicago Press, 1962), p.111. T・クーン『科学革命の構造：新版』青木薫訳、みすず書房、２０２３年、１８０頁。
【60】——Bas Van Fraasen, *The Scientific Image* (Oxford: Clarendon Press, 1980) を参照せよ。B・C・ファン・フラーセン『科学的世界像』丹治信春訳、紀伊國屋書店、１９８６年。

ちに技術的に埋め込まれている。この時代には質的レベルにおいてさらに異なる変革が生じたのだ。この第二の革命とは、新しいテクノロジーによる、直接知覚できない天体現象を放射線から調査し、検出することの開けである。それはまた、私たちの知覚を上方にも下方にもある世界へと開くことである。それはもはやテクノロジーにより構築され翻訳されたものであることから「眼球による観察との」類似の延長上にはない。

とはいえ、私が主張するのは、これが意味するのは、あるセンサーデバイスはそれが実際に何らかの放射を検出した場合にのみ動作するものであることによって「リアリズム／実在論」でありつづける一方、同時にそれは配慮され、デザインされた構築プロセスであり、介在プロセスでもあるということだ。それまで未知の現象を現前させるこのプロセスは、私が**解釈学的プロセス**と呼んだものによって、つまり検出されたものを、身体化された観察者が見て読み取れる画像へと翻訳することによって行われる。このように観察者の身体化は、科学における不変項のひとつである。この時代の天文学は、いまだ半世紀以上経っていない。

では今度は、歴史のチャートの語りの方向を逆転させてみよう。古代から現代へと見ていく代わりに、現在から古代へと振り返ったときに何が見えるだろうか。回顧的に振り返ってみると、私が歴史から導き出し、「革命」として記述してきたこととは、まさにテクノロジーや道具に関連した革命であったということだ。天文学において、これらのことは道具的な**身体化**として考えられるだろう。人間の知覚は、それぞれ新しいテクノロジーの発展の中で変容させられ、そのコンテクストに状況づけられ、位置づけられ、そのうえ暗示されてもいた。近代とポストモダンの二つの科学革命だけを見れば、その具体的な歴史の中で科学と結びついたテクノロジーが生み出したものなしには、あるいは、今やそのことをもっと強く主張することなしには、どちらも不可能であることは明らかだ。結局のところ私がポストモダンの発見を含んだ現象を**テクノサイエンス**と呼ぶのはそれゆえにである。

この私の主張には多くの魅力的な含意がある。第一に、ほとんどの科学やテクノサイエンスの研究が示しているように、伝統的な科学哲学に結びつけられた古い議論は再構成されるか、もしくは放棄される必要がある。ひとつはっきりしているのは、科学は純粋理論によって前進し、後になって初めて検証されるという考え方は、放棄されないまでも、大いに疑問視され、修正されねばならないということだ。このことは現代の科学とテクノサイエンス研究のほとんどですでに実行されている。

第二に、私たちの洞察は「歴史」に大きく頼る必要がある。したがってヨーロッパ中心的な支配力のある語り／ナラティヴに伝統的に適合してきた実践だけでなく、多くの文化や伝統に属するものの実践にも細心の注意を払わねばならない。

第三に、私たちはテクノサイエンスの深い物質性に対する感受性と自覚を発展させ、道具とテクノロジーが私たちの生活世界と科学の両方を形作っていることをよりしっかりと説明する必要がある。

最後に、これまで私が述べてきたそれぞれの革命は、予測しえないドラマティックな結果をもたらしてきた。そのことからも［今後］私たちがこれまでよりもはるかに多くの新しい「見ること」や発見の方法を発明し、展開するかもしれないと期待しない理由は存在しない。

ポスト現象学、再び

ここまでがポスト現象学における実践のひとつ［の提示］であった。それは、これまで注目されてきたように実際の技術の歴史や検証の両方に取り組むという意味で「経験的な」ものである。しかしそれは、身体化の役割や変更理論の適用という点での実践において現象学的であった。このような分析から多くの示唆が得られる。

●身体化は明らかに科学の歴史において異なる役割と形をもつことが示された。ここで例示されたこれらの差異は用いられるテクノロジーの差異と相関している。

●道具の時代は、異なる可能性をもつ科学を生み出す。「革命」が存在するとき、そこには「革命的な」テクノロジーが組み込まれている。

●現象学的に知覚が単に受動的なものではなく、能動的なものであるのと同じように、科学によって使用されるポストモダンのテクノロジーも受動的であるよりは、ますます構築的になるという意味で能動的であることがはっきりと分かる。

●発展がこの段階、このレベルに達すると、科学は、その知識を生み出すために**必然的にテクノロジー**によって身体化されていなければならないことも明らかになる。

最後に追記として、これを発展させたリサーチ・プロジェクトは現在、科学の道具化への特殊な参照を行う画像化技術にかかわる一〇年にわたる研究となっている。より詳細なプログラムは私の著書『拡張する解釈学：科学における視覚主義』（一九九八）で展開されている。

第4章

事物は語るか？

物質の解釈学

視覚的解釈学

伝統的に解釈学は通常、いくつかの**解釈原理**のセットからなる解釈学的思考とともに言語現象、特にさまざまなタイプのテクストに関連づけられてきた。実際、一九世紀には解釈学の概念が拡大され、その結果、この批判的な解釈のモードが人文科学や社会科学、人間科学と密接に関連するようになった。

人間科学と社会科学の方法としての解釈学を確立するのに最も貢献した二人の思想家は、フリードリッヒ・シュライアマハーとヴィルヘルム・ディルタイである。簡潔にいうと、両者とも**理解することと解釈すること**が、人間の心理現象と社会現象を理解するためのユニークな方法なのだと主張した。特に、ディルタイは、理解という「言語中心主義的」概念は自然科学が成功を収めてきた方法とは本質的に異なるものだと考えていた。ディルタイは、自然科学は理解することではなく、**説明すること**によって進展し、この説明は仮説－演繹的な流れに沿って把握されると主張する。この「分断」によって、自然科学に対抗するものとしての人間科学のモードと方法、そして成果とが分離されることになった。この「ディルタイの分断」は、現代に至ってもなお多くの哲学においてしばしば前提されている。

二〇世紀になると今度は、解釈学はそれまでとは異なる仕方で現象学と関係づけられ、三人の主要な解釈学的哲学者が、つまりマルティン・ハイデガー、ハンス＝ゲオルク・ガーダマー、そしてポール・リクールが解釈学をより広く、深く拡張する。彼らにおいて解釈学は**存在論**それ自体のツールのひとつである。

しかし私は、彼らのケースのいずれにおいても言語的なものの無言の特権が維持されつづけていると考えている。それを**大陸的な言語論的転回**と呼ぶものたちもいる。私は、話すことや書くこと、記録すること、あるいは言語的なコンテクストの内部で理解することにおいて、言語的なものへの特権が人文学や人間科学、社会科学の主要な特徴であることには同意する。しかし私がここで主張したいのは、この「分断」を存続させることは今日のコンテクストにおいては誤りであり、そして人間科学が言語的なものを強調することも間違いだということである。

本章で私は、自然科学と人間科学の両方に帰属すべき**物質的解釈学**と私が呼ぶもののアウトラインを示す。すでにこれまで述べてきたように、自然科学もまた深く解釈学的なものであるし、他方で自然科学において発展してきたユニークな解釈学的技法は、人間科学と社会科学にとって深い示唆を与えるものでもある。

このラディカルな主張は、私が以前『拡張する解釈学：科学における視覚主義』において提示したテーゼと呼応している。その著作の中で私は、他の多くの人とともに自然科学が強く**視覚主義的**であることを認識した。このことを歴史的に証明するのは極めて簡単なことであるが、それは現代の**科学文化**の特徴のひとつである、と私は思っている。このことが示唆するのは、文化は異なりうるものなのだから、**それは別様でもありうる**ということだ。

前章で行ったことは、この視覚主義的実践の確認であった。そこで紹介された画像化のテクノロジーは、人間の経験と類似する範囲内にとどまろうと、あるいは、見えないものから見ることのできる画像へと変換され、翻訳されようとも、そのほとんどが「視覚化／見える化」であり、今日のほとんどの科学で画像化について議論しようとするさい、この用語の使用頻度が増えている。

オリジナルの現象がたとえ聴覚的なものであっても、たいていそれは画像化プロセスに変換され、「視覚化」される軌道を描く。たとえば、発声された音声はオシログラフに視覚的に表示される。私の妻は、第二外国語として英語を教えるさい、発音を改善するためにこのタイプのディスプレイを用いている。［海底を探査するような］ソナーはもともと聴覚器具であったが、視覚的な表示画面へと変化した。同様にエコー心電図も、振動が視覚的にグラフ化されたものとして表示される（ただし、聴覚でそれを示すことも含んでいる）。

それはまるで科学の目的のために感覚器全体が視覚的な形に還元され、変換されるかのようだ。

こうした視覚主義はときに「還元的」であり、「眼球中心的」であると批判され、その「バイアス」についても指摘されてきた。しかし私は、この一〇年の研究の間に徐々にではあるが画像化の実践が非常に洗練された**視覚的解釈学**を生み出していることに気づき始めた。この解釈学は、すべての解釈学に必要とされる、批判し解釈するという作業を保持しているが、言語的な解釈というよりは、**知覚的な**解釈なのである。結局のところ自然科学のほとんどは言葉を発さず、書かず、言語的でもない現象を探究している（！）。

天文学的な画像化の話に戻ろう。今回はこの実践を異なるアングルから取り上げる。一見、単純に見えるいくつかの幾何学的変項、すなわち形、大きさ、距離そして運動から始めてみよう。最初から天文学は、少なくとも初めは明らかに**視覚的現象**に、すでに言及したように可視光線の放射に限定されていた。こうした限界にもかかわらず、古代の天文学は驚くべき成果を生み出していた。

●エラトステネスによる地球の周囲の長さの測定は、現代の測定に極めて近似していた。

●月、地球、惑星の形はよく認識されていた。地球と月、太陽の間の距離を測定する試みもあったが、得られた距離はあまりに遠かったため、多くの測定者がその結果を疑っていた。

●古代の思想家たちは月が岩石で構成されていると結論づけており、太陽を中心とする系を推測する人もいた。これらすべては単純な幾何学と計器を用いた「眼球」による観測で達成されていた。

初期近代に、光学が用いられるようになると、宇宙の大きさに関する認識が拡張され始める。

●ガリレオの望遠鏡は、天の川が無数の星から成るもので、光り輝く「スープ」ではないことを明らかにした。木星の衛星［の発見］によって、そうした衛星をもつ天体は地球だけではないことが証明され、地動説／太陽中心説へのコペルニクス的な転回が不可逆なものとなる。またガリレオは望遠鏡を通して惑星の円盤の大きさは変化するが、他の恒星は変化せず、ただ光が強くなるだけだと気づいた。このことは、恒星が惑星よりもはるかに遠くにあるからだと彼は正しく結論づけている。

●ジョルダーノ・ブルーノは宇宙が無限であるという信念のために火刑に処せられたが、少なくとも初期近代において宇宙は広大なものへと拡張された。

●しかし後期近代においてでさえ、宇宙は数百万年前に誕生したものだと理解されており、一九二〇年代にハッブルによる観測が行われるまで、単一の銀河で構成されていると考えられていた。もっとも、現在ではその銀河は地球から何光年も離れて存在しているものだ。

依然として天文学は可視光のスペクトルに限界づけられている。何が知られようとも、遠方の天体からの検出可能な放射に基づいて学習せざるをえないという意味で「受動的」であったといえるだろう。［それら情報の］操作はおろか、クローズアップした観察さえ不可能だった。それでも後期近代になると、思いがけない仕方でその時代が独創的であることが証明されることになる。

●ここでもまた、この独創性は新しい道具、すなわち今回は一九世紀の分光器の発明と関連している。一七世紀後半、ニュートンはプリズムを使って色のスペクトラム、つまり「虹」のスペクトラムを作り出した。この装置から、ただしそれに遅れること一世紀半以上経って、分光器が誕生した。一九世紀の科学者たちは、さまざまな光源（太陽やろうそく、ガストーチ）、そしてさまざまな開口部（スリットや格子）を用いて実験し、それまで以上に鮮明なスペクトラムを作り出した。

●それの天文学への応用のひとつは、星の光の分類を生み出すことであった。異なる星、とりわけ異なる色の星（アボリジニ［原文ママ］では赤、黄、青、白）は異なるスペクトラムを生成した。

●最後に、化学実験によってスペクトラムとさまざまな化学物質との間に不変的な関係があることが示された。分光器を照らすために使用される炎に塩を振りかけると、ナトリウムはスペクトラムの黄色の範囲に独特な線の連なりを映し出す。そしてこのパターンはその後、太陽のスペクトラムの特徴的な部分と同一であることが認識される。スペクトラムは、星の組成を示す化学的な「サイン」として用いることができるのだ。

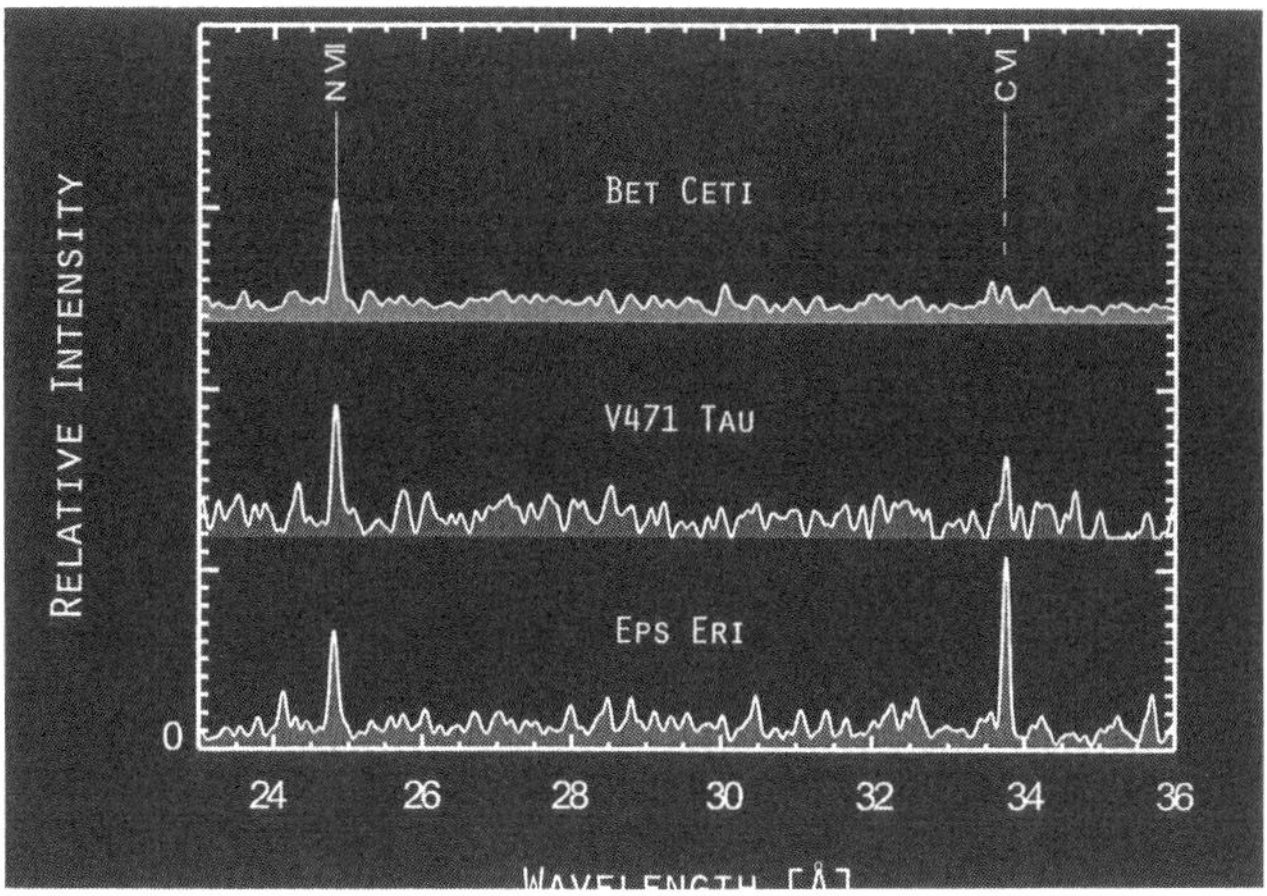

図 4.1　星のスペクトラム

私が主張したいのは、たとえ光のスペクトルに限定されていようとも、独創的な道具によって天体現象に関する知識がますます飛躍したということである。ここで私は、二つの現象学的なポイントを指摘しよう。第一に天文学は、その対象があまりに遠く、到達不可能であるからこそ、その対象が観察によっては変わらないという意味での「観照的」な観察科学の理解と合致する科学を生み出した。これは「客観性」の古典的な概念である。このことはほとんどの場合、現代の天文学にも当てはまる。

しかし第二に、その観察は、あるいはお望みであれば科学の**知覚は、受動的なものではない**。むしろそうした知覚は**現象学的**

な変項と非常に似た機能性をもつ（！）。ただし科学における観察は、道具の使用によって身体化されていることから**道具的－現象学的な変項**である。「眼球」による観察は光学的な観察に影響を与える。しかもそれは、単に**同形の画像**を生じさせる光学望遠鏡による観察という類似のものをもたらすだけでなく、先ほど述べたスペクトラムのような**非同形的な画像**も生成する。このような画像は、どの化学的サインが表示されているかを見抜くために「読み取り」、「解読」されねばならない。ここにすでに科学の実践に埋め込まれている暗黙の解釈学、科学実践における現象学的な解釈学のひとつの手がかりがある。対象を操作することはできなくても、機械装置であれば操作することができる。

すべての科学が天文学のように、「触れる」ことも操作することもできない遠距離の物体に制限されているわけではない。今より昔の古典的な科学哲学は、観照的で観察的な実践という観念が有効なまま維持できる伝統に則っていたが、二〇世紀になるとこれも変化し始める。新しい科学社会学や「エジンバラ学派の」ストロング・プログラム、さらにアクター・ネットワーク理論は、研究室での生活と実践に焦点を当て、科学者たちの周辺を追跡することで、彼らの実践に注目し始めた。

ブリュノ・ラトゥールとスティーヴ・ウールガーによる『ラボラトリー・ライフ（実験室の生活）』が出版されたのは一九七九年であるが、これは私の『技芸と実践』が出版された年でもある。実験室や道具によって身体化された「手近にある」科学に注目することで、後期近代の科学が操作的で**介入的な**ものであることが理解され始めたのだ。より古典的な科学の分析哲学から出発したイアン・ハッキングも、一九八三年に発表した『表象と介入』［邦訳：『表現と介入』］でこのことをよく認識していた。

最後に、私の物質的解釈学へと進む前に、もう一度だけ天文学に別れを告げることを許してほしい。

●初期近代の天文学は、実践や道具によって制限されていた目的のために、太陽系に限定されており、それは宇宙と等しいものとみなされていた。天文学の革命は、プトレマイオスの体系からコペルニクスの体系への転回のことであるが、この「革命」は哲学者たちに大きな感銘を与えた。カントは自分の哲学のためにそれを「コペルニクス的革命」として比喩的に使用し、後になってトーマス・クーンは自分の『科学革命の構造』のモデルとしてそれを使用した。

●二〇世紀になって初めて、宇宙の概念は一四〇億年という現在の年齢へ引き伸ばされ、ブラックホールやパルサー、褐色矮星など、際限なく多くのものを含む数百万の銀河という内実へと拡張された。

●私たちはまた、初期近代の科学のパターンを今まさに反復している。というのも私たちは探索の中に介入的なテクノロジーを初めて導入しようとしているからである。ただし、より介入的なこうした機器は太陽系に限定されている。たとえば、カッシーニは土星を探索し、火星探査機はその地表を移動する。小惑星への着陸や、それへの大砲の発射でさえ、介入科学を天文学へと導入することになる。しかし当然ながら、四五〇万光年離れた最も近い星［への介入］であっても、さらに大きな［科学的、技術的］飛躍が必要であることはいうまでもない。考えてみてほしい、光速の探索機を四五〇万年かけてそこへと送り、そこからさらに四五〇万年かけて答えを待つのに必要な忍耐について（！）。

物質的解釈学

今扱ってきた自然科学の事例とともに注意すべきなのは、調査される対象領域には通常、「言語的」な次元が含まれていないことである。そこにはテクストもスピーチも、命題も修辞的な表現もない。受動的に限界づけられた天文学であろうと、あるいは、粒子加速器のように高度に介入的な実践においてであろうと、観察するということは、物質的、道具的な手段を通じて問われるべき問いに身体行為としてかかわることである。物質性は、調査される物の形式と調査を進めるための道具のモードという二重の意味で自然科学に浸透している。

これと対照的に、人文学や人間科学の分野で最も典型的に調査される類の現象を考察してみよう。

- 古代のことに関して、私たちはテクストや碑文、あるいはその他の形式で**書かれた言語**を探し求める。有史とはまさしくこの点に基づいて、先史から区別される。
- あるいは、私たちは当事者の発言に耳を傾けようとする。現代の世界では、メディアが事件の観察者が話すことを私たちに届けてくれる。あるいは、私たちは彼らのスピーチを聞いたり、それを新聞やインターネットで読んだりする。
- 哲学では論証が求められ、文学では修辞的な形式やメタファーが探し求められる。

これらの学問は、言語的な現象の全範囲に焦点を当てており、言語に基づいて物語を構築したり、それを再構築したりする。

もちろん、より物質的な調査の活用が必要となるボーダーライン上にある学問もある。たとえば考古学や自然人類学、社会生物学にかかわるさまざまな新しい学問分野だ。私は、これらの分野からいくつかの事例を引き合いに出すことで、物質的解釈学が人文学や人間科学にとって手がかりとなることを探り出したい。とはいえ最初に出す事例は、非常に単純な現象学的実験である。すなわち、**どのようにして私たちは沈黙しているものを聞いたり、それに声を与えたりできるのだろうか**。これが、私がこれから吟味しようとしていることに対する強力なメタファーである。

私は長らく、音響／聴覚現象に関心があり、『聴くことと声：音の現象学』(一九七六)という本を出版したことがある。それは今では音響技術の新しい研究を含めた補訂版、『聴くことと声：音の現象学 第2版』(二〇〇七)となって再版されている。私は、先述のメタファーのために、その本で記した発見に立ち帰ろう。

●私たちの感覚的な生活世界において、私たちが**見る**多くのものは私たちに対してそれ自体視覚的に示されるが、机のように聴覚的に沈黙したままのものもある。しかし、それを叩くことで、机は「話す」ことができるし、聞くことができる。しかし注意してほしい。机を叩いて、その机を私が「聞く」のは真実だとしても、私はその机を単独のものとして聞いているのではない。私は、机の音を、何であれ、その音を出すために使用された物質的事物が出す音とともに聞くのだ。要するに、私は**デュエット**を、こぶしと机とが同時に出す音を聞いている。

●もし私が科学的にふるまおうとすれば、たとえばペンで叩いて、それから黒板消しで叩いたりすることで、いくつかの変化を調べるだろう。これらの変項を通して、私は机が「歌っている」中でその机についてますます多くのことを学ぶ。机は硬く、その物質性を響かせ、壁とは異なったように響くといったように。

●さらに探究を進め、他の対象も叩いて声を与えると、それらの対象のあるものは中が空洞で、あるものは中まで硬いことが分かる。要するに、音は**内部**を提示するのだ。その内部は視覚との類比において視覚からは隠されている。このような現象は、近代後期の医学にとってとりわけ重要だった。聴診器のような聴診のための道具が、心臓の雑音や呼吸障害、肺のうっ血など、さまざまな身体現象を検知することを可能にした。

さて、私はこれらの現象学的な出来事、もっといえば道具的に現象学的な出来事をメタファーとして用いながら、沈黙しているもの、聞こえないものに声を与えることができると提案しているが、私はこのことを物質的解釈学のプロセスを導入することでそうしている。この物質的解釈学は、すでに多くの科学で実践されており、人文学および人間科学の実践を転換しうるものだ。私はまず、最近の非常に劇的な事例のひとつから始めよう。すなわち、フリーズドライされたミイラ「エッツィ」の発見と分析である。

エッツィ、あるいはアイスマン

一九九一年九月一九日、オーストリアとイタリアの国境にあるアルプスで、二人のハイカーが氷河から突き出ている遺体を発見した。この遺体が誰のものであれ、それが古いものので、事によると非常に古いものであることは明らかだった。ただし、遺体はその上部だけが突き出ていた。何度ももたつきながら遺体を取り出す作業が行われたが、当初の推測は、数世紀前のスキーヤーかハイカーのものではないかというものだった。しかしまもなくして遺体の隠れていた下部に奇妙なタトゥーの痕跡が現れた。さらに斧や弓矢、熊の毛皮の帽子、火起こし道具、薬箱、その他の人工物といったさまざまな装備品が見つかったのである。

この遺体は誰なのだろうか。そして、どれくらい古いのか（ここで私は自分の手短な語りを、初期の反応と、二〇世紀以前の考古学・人類学に依存した物語の概略とに分けることにする）。新聞は、遺体の時代を五世紀ほど遡らせながら、あれこれ憶測し始めたが、その遺体や現場、そして人工物を分析した最初の「専門家」は先史学者のコンラート・シュピンドラーだった。

彼はすぐに以下のような物語を紡ぎ出す。「エッツィ」は、この遺体はすぐにその名で知られるようになったが、おそらく山をさまよい、季節的に少し早い吹雪で道を見失い、秋の半ばにその場で凍死したのだろうと。すべての遺物が同時に発見されたわけではないが、シュピンドラーは、エッツィが手にしていた弓矢や斧、先に言及された装備などの遺品から、せいぜい後期青銅器時代のものとみなした。それはつまり、エッツィの時代を紀元前一〇五〇年ごろまでに押し戻すことになった（一九五〇年を基準にした考古学の年代測定単位でいえば、三〇〇〇年前／3000BP）。とはいえ、エッツィが所持していた斧は青銅ではなく銅製であり、そのデザインは、さらに何千年も前の北イタリアのメンヒルの彫像に描かれている斧に似ていた。これはまさに異常事態であった。

私がこのエッツィの例を選んだ理由は、この発見に関連づけられる言語現象がまったくないことにある。碑文も、テクストも、当時の記録も存在しない。物質的解釈学は、知識を生み出すために科学的な道具を用いるのであるが、その主張を強調するために、私はエッツィにかかわる古典的な考古学的分析からどのような知見が得られたのかを示すことから始めた。さて、私はこの分析を一九九一年から現在に至るまでに利用可能な科学的道具を用いたその後の分析、つまり私が先に示した画像化［技術］の事例と並行するポストモダンな分析と対比させてみよう。

●最初にエッツィの年齢である。今日では誰もが炭素14年代測定法を知っている。これは、ここでのタイムスケールの範囲内にある現象の年代を現在最も正確に測定できる方法だ。そしてエッツィの場合、その年代は紀元前三三〇〇年ごろ（今から五三〇〇年前）であることが判明した（！）。

●この年代は、シュピンドラーを含めてエッツィを観察した誰もが予想したよりはるかに古いものであり、斧の不可解な事態も解決されることになった。イタリアのアルプスには銅が豊富にあり、その発見は青銅の発見に先立っていた。イタリアの青銅器時代は通常、せいぜい紀元前一八〇〇年頃（三八〇〇年前）と考えられているが、エッツィの斧はそれより一五〇〇年も古いもの（五三〇〇年前のもの）である。斧のデザインが、それよりも後世に作られたメンヒルの彫像の斧頭とそっくりの見た目であったのも驚くべきことではない。古代においては、技術的なデザインが数千年にわたって保たれていることはしばしばあるからだ。

●弓矢や火起こし道具、そして薬箱（マッシュルームが含まれていた）に注目することは興味深い。これらはエッツィが知り、行っていた実践を明らかにするからである。

●ひとたび科学技術のミクロなプロセスが導入されると、「本当の楽しみ」が始まる。CTスキャンにより、エッツィの肩甲骨の下に矢じりが存在することが明らかになった。この矢じりにかかわる推測は二段階の経過を辿ることになった。最初は、この傷のせいでエッツィが死んだのではないかと結論づけられたが、打ち込まれた矢じりは致命傷とはならずに負傷部位に残ることもあるため、古傷かもしれないと主張するものもいた。そしてその後、さらなる精密な装置による分析で、この矢傷が原因で主要な動脈が切断されていたことが判明する。したがって、この矢傷がエッツィの死因だったようだ。

●古病理学は、DNA調査や質量分析、およびその他のミクロ・テクノロジーを用いて、シュピンドラーの物語の嘘を暴いた。エッツィの胃や腸、腹部には、春の終わりにのみ咲くカバノキ科の花粉が含まれていた。したがって、エッツィは春の終わりに死亡したのである。またエッツィはヤギ、アカジカ、そしてヨーロッパで最初期に栽培された穀物のひとつであるヒトツブコムギから作られたパンを食べていた。これらの発見は、DNA分析や髪の質量分析、そして電子顕微鏡による調査の結果だった。

●また、エッツィの腸には苔の残留物があり、その同位体分析により、その苔は山のふもと近くの地域でのみ育つものであることが特定された。エッツィの爪には彼が死の前年に三度、重病にかかったことが示されていた（爪の縞模様がそのエビデンスである）。さらに、歯のエナメル質の質量分析による同位体分析によって、エッツィが異なる時期に二つの異なる地域で生活していた歴史が示唆された。

●エッツィが身につけていたものには縫製された靴、寒さから身を守るための重ね着、そして火起こしや健康のための装備一式が含まれていた。

こうして得られた知識から以下のような語り／ナラティブが構築されるだろう。すなわち、エッツィは亡くなった場所から八〇キロ以内にある二つの地域で、肉やパン、野菜を取り入れた生活を送っていた。それにとどまらず、関節炎（骨の分析によって示された）を含む健康問題を抱え、おそらく治癒を願って民間療法（タトゥー）を用いていた。このように期待された以上に詳細なライフストーリーが浮かび上がるのだ。

私はこれを物質的解釈学の一例として取り上げる。この物質的解釈学においては「事物」に声が与えられる。花粉や穀物、金属、そして歯のエナメル質は、ふさわしい言語現象が存在しないコンテクストに状況づけられているにもかかわらず、それ自身すべてを「語った」のである。これはまた、自然科学が身体化した実践を人類史と人間科学の対象に適用したことでもある。この例は、たとえ言語現象がなくても、人間科学に関連する非常に豊かな語り／ナラティブを構築できることを示したのだ。

私は言語的次元をもたない物質的歴史に隔たりや問題がありうることを十分に認識している。たとえば先史時代にまで遡ると物質文化でさえ不確かになる。アシュール文化の「手

図 4.2　アシュール文化の手斧

斧」のように石器時代の道具には長い歴史が存在する。

しかしルイス・マンフォードが推測したように、この時代の人々もまた籠や網のようなすでに失われてしまったソフトなテクノロジーをもっていたにちがいない。以下で示すのはその証拠である。およそ二万五〇〇〇年前の「ヴィーナス」像だ。

彼女の頭飾り、それは他の女性の石像にも類似したデザインの関連品の例が存在するが、織られたものであり、編まれたものである。このように織物は、少なくともはるか遠い先史時代まで遡る（非常に興味深いことに、このデザインの特徴が織物の模様だと最初に気づ

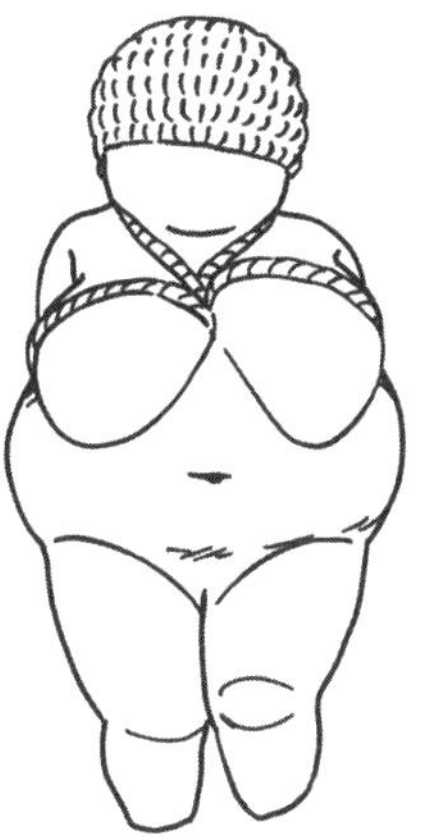

図 4.3　織物をまとう「ヴィーナス」像

いたのはファッションデザイナーから考古学者に転身した女性であり、彼女はほんの数年前にその発見を公表した。男性の考古学者は誰もこれに気づかなかったのだ（！）。

　ここから有史時代へとまなざしを向ければ、テクストないしは言語的証拠と物質的証拠を並行して扱うことが可能になる。私は以前の著作で、言語的次元と物質的次元の両方を含む物質的解釈学の二つの変項についてスケッチしていた【61】。

　そのひとつは、ヴァイキングのイングランドへの侵略である。書かれたものによる説明によればヴァイキングは盗賊や略奪者、侵略

【61】――Don Ihde, "More Material Hermeneutics.〔さらなる物質的解釈学〕" *Yearbook of the Institute of Advanced Study on Science, Technology and Society*. ed. Arno Bamme, Günter Getzmyer, Bernhardt Wieser. (Graz: Profil Verlag, 2005), p.341-50.

者として描かれている。しかし鋳造硬貨や埋葬の慣習、そして英語という言語そのものの変化などの物質的なものの記録を見ると、ヴァイキングは交易民であり、議会制度の先行形態をもたらしたものであり、サクソン文化に比較的早く同化した移民であることが示されている。物質的解釈学は、書かれた記録が部分的であることを炙り出し、何らかの仕方で書かれた記録と緊張関係にあるもろもろの現象を示すのだ。ここではこれ以上この例を掘り下げるつもりはないが、その代わりに、人文学や社会科学そのものを変革する物質性やテクノロジーについて、しばしば見過ごされがちな役割について簡単に見てみよう。

物質的媒介

私は自然科学の実践に関する以前の研究において［すでに］このことを論じ、道具が変化することが、それらテクノロジーを用いた科学の変化にどんな影響を与えるのかについて示していた。新しいテクノロジーは新しい科学を可能にする。しかし、人文科学や社会科学においても同じことがいえるのだろうか。私の答えは「イエス」である。しかし、それがどうしてなのかを示唆するには、テクノロジーの利用者と人文学による実践の生産的な成果との間の現象学的な相互関係に注意を払わなければならない。このセクションの私の事例に関して、ある程度の憶測に頼らざるをえないことをお断りしておきたい。というのも、私が議論しようとする現象を調査した研究はほとんどないからである。

私の最初の事例は、音楽パフォーマンスに関連している。歌手が歌うことにはさまざまなスタイルがあり、オペラのアリアは非常に長く複雑なものになる。教会の讃美歌は多彩な詩句をもつこともある。また、一部の口頭伝承では、曲に入る前に歌い手が自分の音域を示すことから始まり、その後、この音域が声としてどのように表現されるかが実演される。

一八七七年、トーマス・エジソンは、後に「蓄音機／フォノグラフ」と呼ばれることになるものの最初の形態「フォノグラム」を発明する。最初は電話の録音のために用いられていたが、一九世紀の終わりには音楽パフォーマンスを再生するために用いられ始めている【62】。この再生は機械装置的なもので、音の振動を受け取り、それをスズ箔で覆われた円筒管上に凹面パターンへと変換する振動板からなる。しかしそこには厳しい制約があった。というのも、真空管は二分から三分までのパフォーマンスしか録音できなかったからだ。一九〇八年には、いくつかの別の企業が四分までのパフォーマンスを録音できるように改良していた。

【62】――Don Ihde, "Technologies-Musics-Embodiments," *Janus Head*, 10:1 (2007) p.7-24.

レコーディングされ、大衆に聞かれることを望む歌手たちは、こうした媒体／メディアのどれかに時間を制限された上で曲を作らねばならなかった。こうして一曲は二分から四分という伝統が始まった（！）。テクノロジーを取り入れながら、ひとつの伝統を確立した歌手が存在したのである。iPodの多くの曲でさえ、この制限時間の伝統の中にある。ちなみに興味深いことを記しておくと、最初期の録音の一部は「ハイエンド」消費者を対象としたオペラのアリアだったが、それは流行らなかった。なぜなら、ほとんどのアリアはテクノロジーの時間制約を超えるほど長いものであり、編集されねばならなかったからである（！）【63】。

私の第二の事例は、近世の「自然哲学」に由来し、そして**手紙を書く**メディアに関連する。一七世紀と一八世紀はおそらく哲学者間で手紙を書いていた絶頂期である。この「啓蒙主義」時代は、主要な思想家たちによって頻繁に文通が行われていた。伝記作家たちは、保存されていた書簡のやり取りから、人文科学や社会科学を言語中心的な学問分野として確立するのに役立つ、あらゆる種類の手がかりやアイデアの交換を発見した。デカルトによって蓄積された膨大な書簡、ライプニッツ・ニュートン論争、そして私の大好きな一八世紀の人物の一人である「ヨハン・ゲオルク・」ハーマンのことを考えてみてほしい。ハーマンは字義通り、当時のほぼすべての主要人物と文通しており、その書簡がセーレン・キルケゴールをインスパイアしたのだ。そして、これにかかわる統計はないが、私の推測では、大半の手紙は数ページにわたる長さのものだったが、そのほとんどは論文の長さに達することはなかった。

では、電子時代へとスキップしてみよう。手紙はどこにあるだろうか。知識人同士のコミュニケーション手段であった手書きの手紙は、今ではほとんど姿を消してしまったのではないか。その代わり、電子的なコミュニケーションといえばEメールである。私は懐古主義ではないし、Eメールこそ最も使っているメディアであることは自分も認めるところである。しかし、蓄音機［の録音時間］と同様にそのページサイズに注意してみてほしい。受け取るメールサイズが二ページ以上になることはまれで、ほとんどが一ページ以内である。これは速さのメディアであり、スピードと短さに適している。しかし、そのことが払う代償に気づいているだろうか。アタッチメント（添付ファイル）である。ひとつのアタッチメントは、通常、論文の長さほどのコミュニケーションであり、論文や講演の草稿であったりもするが、手紙よりは長く、本よりは短い（科学においては、出版前のものである）。さて私は、これを古い「啓蒙主義時代」の手紙の現代バージョンであると主張したい。

【63】——Ibid.

私のここでのポイントは単純である。人間とテクノロジーの相互作用は、その使用の異なる軌道、異なる可能性を、それらは明らかに**中立的ではない**が、決定論のようなものでもないことを可能にする。そして、テクノロジーの変化は、哲学者の思索も含め、どんなアイデアがどのような仕方で伝達されるのかに関する変化を生み出すのである。ここにもまた、私が物質的解釈学と呼ぶものの効果がある。

聞こえないものに声を与える

ここで「事物に声を与える」という私の聴覚的なメタファーに戻ることにしよう。そのために私は、現代の構築的なテクノロジーの聴覚バージョンとして生み出される効果に目を向けようと思う。これは、先に私が科学によって使用されている画像化技術を説明するさいに取り上げたものと同じ構築的なテクノロジーである。ここでの例は、私が前述した主張についても何か新しいことを示すはずである。その主張とは、もし科学が文化的な視覚主義であるならば、それとは異なる文化的変項も存在しうるというものだった。そして、私の聴覚的な例こそこのことを示唆するだろう。

私の最初の事例は遊び心のあるものだ。昨年［二〇〇五年か］、私はオハイオ州立大学で開催された「アートと科学」展でレクチャーを行ったが、そこでの「科学的」アートの主要な形式はホログラフだった。私自身が講義で扱ったのは、電子的でコンピュータ処理を含むテクノロジーを用いた新しい音響テクノロジーについてである。私がいくつかのサウンドクリップを実演すると、その聴衆の中には、これもよくあることなのだが、まさに音響テクノロジーのアート制作に携わっている人がいた。アーティストのダニエル・ヨリエフは彼の最新のCDを私にプレゼントしてくれたので、再生してみると、それはミニマル・ミュージックに非常に近い作品だった。音はデジタル・ピアノから録音されたものだが、人間が演奏したものではない。フィリップ・グラスやスティーヴ・ライヒを彷彿とさせるサウンドだが、作曲されたものでもなかった。音符は繰り返しからなり、小さな音域で演奏されているのに、どこか魅惑的である。

しかしこのCDには、その音楽がどのように生み出されたのかが示されていない。作品のタイトルは『グランド・ステーション』で、音楽は非人間的なものだ。ピアノは電子ピアノであるが、このピアノはコンピュータに接続され、コンピュータは屋根の上のアンテナを介してGPS（全地球測位衛星）に接続されている。ではここで、この音楽はどのようにして生み出されたのだろうか。

●GPSユニットが、静止衛星の、つまり地球とその動きに対して同じ場所に留まる衛星の位置を特定し、その信号を「読み取る」。しかしそれら信号は実際に完全に静止しているわけではなく、**ぐらついている**（！）。

●このぐらつきはGPSによって拾われ、補正される。この補正されたものがコンピュータに送られ、コンピュータはアルゴリズムを用いてリアルタイムでピアノに入力し、このぐらついた信号を「音楽」に変えるのだ。

この点において私たちは非常に興味深く、不思議で、深遠なことに気づくことができる。すなわちイメージをデータに、あるいはデータをイメージに変換するコンピュータの能力は、**視覚的なものである必要はなく、聴覚的なものでもありうる**（！）ということだ。そして、もし聴き手がこの作品を知っていれば、どのようなぐらつきが存在しているのか、そして繰り返される音は同じぐらつきの角度である等々、といったことを聞き分けることさえできる。

私の二つ目の例ははるかに複雑である。オランダの物理学者フェリックス・ヘスは、科学的な才能に恵まれた「パフォーマンス・アーティスト」であり、彼の主要な作品は完全に聴覚的なものか、あるいは部分的に聴覚的なものである。しかしその事例を説明する前に、もっと重要な背景を明らかにしておいた方がいいだろう。先にも述べたように現代のデータ－画像の変換可能性は、以前、私が説明した機器が拾える範囲のあらゆる信号から、さらには人間の知覚可能な範囲外からさえも得られる。これらの現象のすべては、科学的にいえば、**波の現象**であり、電波は長波長でガンマ線は短波長である。今や、独創的な機材の開発によって、実際にどのようなデータも音響現象へと転換しうる。

こうした可能性のひとつを説明するための冷戦にまつわる話がある。「盗聴」は伝統的に、盗聴すべき部屋の内部に電子機器を設置することで行われてきた。スパイ映画の好きな人であれば、こうしたシーンを見たことがあるだろう。しかし、ある部屋を盗聴するにはもう手遅れで、それでもあなたはその中で話されていることを知りたいとすればどうするだろう。もしこの部屋に窓があり、しかもとりわけ大きな一枚板の窓がある場合、適切な装置、つまりコンピュータを介して接続されたレーザーを含む装置を取りつければ、その窓ガラスを「スピーカー振動板」とみなすことができる。それによって、部屋の中にいる話者の音波もしくは振動をどんなに微細であっても拾い上げることができる。レーザーはこれらの振動を微調整しながら拾い、データに変換し、その後、音声として再生する。

では次に、「スパイ行為に比して」より温厚なアートの実践者であるフェリックス・ヘスへと話を戻そう。彼が行ったインスタレーションのいくつかは前記の盗聴の例と類似している。彼はアパートメントの各部屋の窓全部をセンサーにしようとしたのだ。彼は人々の個々の声に興味をもつのではなく、集団生活者の音響のリズムを拾い上げたのである。彼はまたこれらのパターンを時間的に圧縮することで変形させる。つまりタイムラプスの画像のように、一日を数分へと圧縮したのだ。

午前中のアパートメントでは多くの活動が存在し、その後、ほとんどの人が仕事に行ってしまった静かな時間になり、それからまた住人が帰宅する非常に活発な時間帯がつづく。それはいわば生活リズム・ソングである【64】。

おそらく最も奇妙な音響イベントは、ヘスが偶然発見したものである。彼は自分が録音したもののなかに、行ったり戻ったりする奇妙で非常に低い音波パターンが存在していることに気づいた。その音は彼がターゲットとして当たりをつけたもののどれからも検出できず、このパターンが気象パターンと明確に関連していることを認識するのには少し時間がかかった。その音は気圧計の測定値が下降しているときに表示され、上昇すると消えてしまう。その後、気象学者の助けを借りて判明したのは、彼が聞いていた音はアイスランド沿岸にある巨大な嵐のエコーであり、オランダにある彼の高感度機器がそれを受信していたというのだ（！）。

時間圧縮のプロセスはまた、私たちでは聞き取ることのできない低すぎる音、つまり**超低周波音を人間の可聴範囲へもたらす**。今ではおなじみのクジラの歌は、ほとんどの場合、私たちが聞くにはあまりにも低い周波数帯域で歌われている。これらの歌を私たちが聞くには、より高い**周波数**に翻訳される必要があり、そうすることで作成されたものが現在も人気のある録音されたクジラの歌である。視覚のスペクトラムを超えたテクノロジーと同様に聴覚テクノロジーも、超低周波音や超音波を聴くためには、構築的な音響イメージングが用いられねばならない。そしてまたもや反省的に発見されるのは、身体化の暗黙の役割である。すなわち、ここで私たちが見出すのは、天文学やその他の科学で通常例示される、構築された画像とパラレルな音響聴覚の正確な対応物である。この場合、低すぎて私たちには聞こえない音（低周波音）が、テクノロジーによって変換され、私たちが聞こえる音域へと**翻訳される**。

●再び、身体化の暗黙の役割が現れる。科学、あるいはアートが経験されるには人間の身体化が考慮されねばならない。

【64】——Felix Hess, *Light as Air* (Heidelberg: Keher Verlag, 2003).

●もしその現象が私たちの能力を超えているのであれば、テクノロジーによって変換されることによってのみ、それは私たちの経験範囲に入ることができる。

●これら二つの音響の例が示すようにもろもろの現象は、画像（または音）をデータに変換し、データを画像（または音）へと戻すコンピュータの能力によって媒介されている。科学的実践の文化的な傾向からして、すでに多くの視覚イメージが生み出されているが、聴覚的なものはほとんどない。

●ヘスの例が示していたように、実際に初期のラジオ効果とかなり近い仕方でアイスランドの嵐による地球の音についての真の科学的発見がなされた。

私は科学が、聴覚的に障害があるといったことを伝えたいわけではまったくない。音響研究はこれまでも多数行われており、現在も進行中である。実際に多くの海域で超低周波による研究が行われている。その中には、大音量で低周波を発信することが海洋哺乳類（クジラ、アザラシ、セイウチなど）に有害である可能性が高いという証拠もあり、議論を呼ん

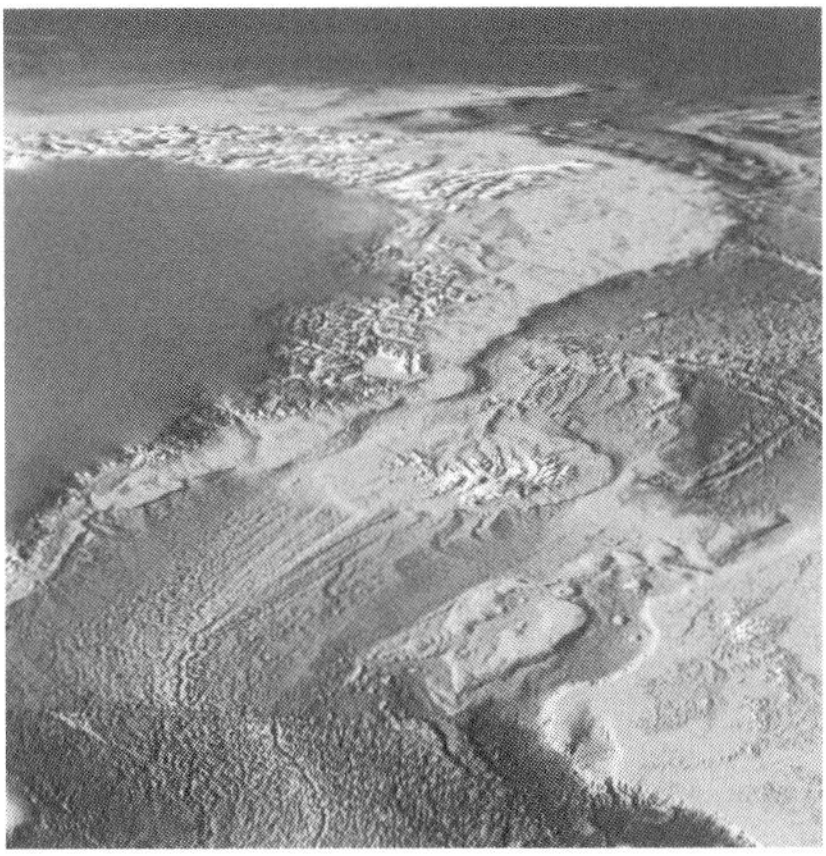

図 4.4　海底のマップ

でいる。しかし今や予想されるように、ほとんどのソナー研究は**視覚的にイメージできるもの**へと実際に変換されている。

私の最後の事例は、海洋マッピングからだ。ここに、実践における道具的で現象学的な変項にかかわる本書を結論づけるのに優れた事例がある。

●海面の波のパターンを視覚的に画像化し、コンピュータで平均化することで海底のマクロスケールの「地図」が得られる。海底の山（海の下の山）は重力の影響で海面に実際に「波の」隆起を生み出し、衛星画像や断層撮影の平均化プロセスを通じて検出できる。

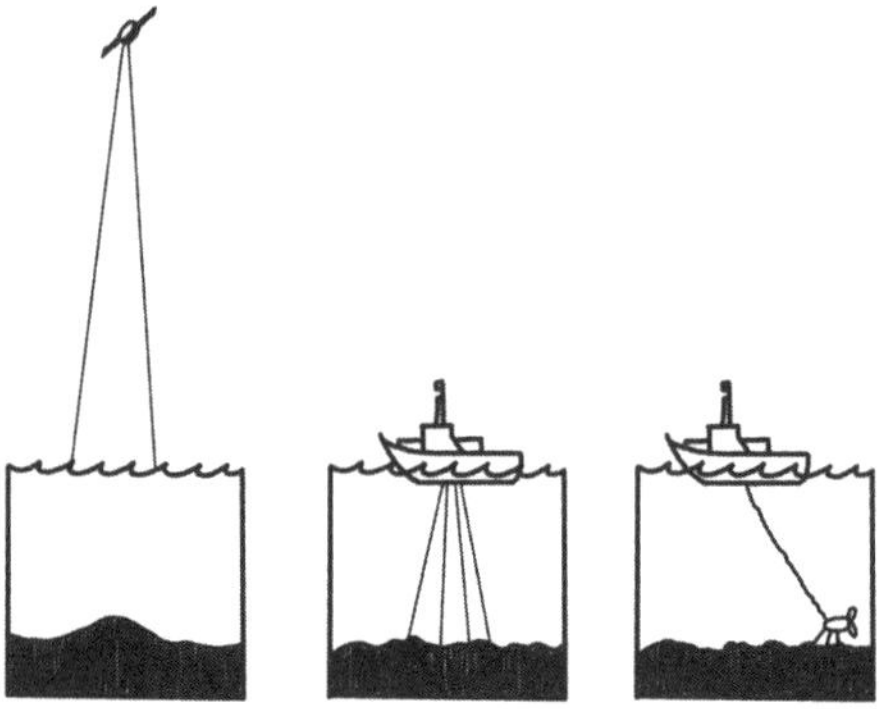

図 4.5　多彩な手段によるマッピング

●より洗練された結果を得るために、マルチスキャン・ソナー・テクノロジーはより低いレンジの音波を使用して解像度を高める。

●最高レベルの解像度を得るには、遠隔操作で牽引される光学スキャンを使用する。

その最終成果は、海底の三次元的な**視覚マップ**である。これを成し遂げるには、道具的で現象学的な変項を産出する装置が用いられる。それらは最終的に、私たち人間が瞬時に認知できる視覚**ゲシュタルト**もしくはパターンを生み出す。このプロセス全体を通して、私が物質的解釈学と呼ぶ批判的で解釈的な活動が実行されねばならない。

最後に、私が［本章の冒頭で］自然科学の道具を使うことが、人文学と人間科学が実践される方法を変える可能性があるという提案から始めたのは、少し奇妙に思えるかもしれない。とりわけ歴史的な学問分野との連携は、少なくとも語り／ナラティヴの成果を豊かにするはずである。しかし他のケースにおいてはまったく異なる語りが必要になる可能性が高い。

そうはいっても結局、私は海洋マッピングという科学の事例へと立ち返ることになったが、これらすべてを結びつけているのは、まさに私が提案してきた解釈的プロセスの物質性なのである。もしそうした解釈学が、伝統的な自然科学と人文科学とでまったく**同じ**ではないとしても、今やそれらは断絶的なものではなく、連続的なものとみなされるべきである。現代の世界では、それまで見えなかったものは可視化され、聞こえなかったものは聞こえるものになるだろう。

事物もまた声をもつ、あるいは、声が与えられる可能性があるのだ。

推奨文献目録

1：書籍

On Non-Foundational Phenomenology. Publicatioiner frän institutionen for pedagogic, Fenomenolografiska nötiser 3. Göteborg, 1986.

本書は、一九八四年にスウェーデンのヨーテボリ大学で行われた講義をまとめたものである。この講義はプラグマティズムへの応答、特にリチャード・ローティのネオ・プラグマティズムへの応答であり、私はこの講義において反本質主義的で、非基礎づけ的な視点を現象学に応用した。

Postphenomenology: Essays in the Postmodern Context. Evanston, IL: Northwestern University Press, 1993.

本書では、ポストモダニズムの思想家たちのテーマに取り組み、私は本のタイトルで初めてポスト現象学という用語を使用した。

Expanding Hermeneutics: Visualism in Science. Evanston, IL: Northwestern University Press, 1998.

本書は解釈学的な観点において科学哲学を組み立て直すことに焦点を当てており、科学におけるイメージング技術と道具化に関連するプログラムを概説している。

Bodies in Technology. Minneapolis: University of Minnesota Press, 2002.

科学哲学、技術哲学、科学研究にかかわる対話であり、身体化の役割に重点を置いている。

Chasing Technoscience: Matrix of Materiality. Edited with Evan Selinger. Bloomington: Indiana University Press, 2003.

テクノサイエンスの実践における物質性の役割を強調するテクノサイエンス思想家についての調査。

Human Studies. 31/1, 2008, *Postphenomenology Research Issue*, Ed. Don Ihde. Springer

Publishers.

2：各章に関連する論文、二〇〇〇年以降のもののみ抜粋

第1章：

"Postphenomenology--Again?" *Working Paper No. 3*. Center for STS Studies, Aarhus University, Denmark, 2003, p.3-25.

"Postphenomenology and the Lifeworld." *Phenomenology and Ecology, Twenty-third Annual Symposium of the Simon Silverman Phenomenology Center*, Duquesne University, 2006, p.39-52.

第2章：

"Technology and the 'Other' Continental Philosophy." *Continental Philosophy Review*, 33（Spring 2000）：p.59-74.

"Has the Philosophy of Technology Arrived?: A State-of-the-Art Review. *Philosophy of Science*, 71（2004）: p.117-31.

"Philosophy of Technology." In *World and Worldhood*, ed. by Peter Kemp. Dordrecht: Springer, 2004, p.91-107.

第3章：

"Visualism in Science." In *Visual Information Processing*. ed. Salvatore Soraci and Kymio. Murata-Soraci. Westbrook: Praeger, 2002, p.249-60.

"Simulation and Embodiment." *Yearbook of the Institute of Advanced Study on Science, Technology and Society*. Ed. Armo Bamme, Günter Getzinger, Bernhardt Wieser. Graz: Profil Verlag, 2004, p.231-44.

"Models, Models Everywhere." In *Simulation: Pragmatic Construction of Reality, Sociology of the Sciences Yearbook*, ed. Johannes Lenhard, Günter Kuppers, and Terry

Shin. Dordrecht: Springer, 2006, p.79-88.

"Art Precedes Science: Or Did the *Camera Obscura* Invent Modern Science?" In *Mediated Vision*, ed. Petran Kockelkoren. Art EZ Press, 2007, p.25-37.

"Hermeneutics and the New Vision." In *Ways of Seeing, Ways of Speaking*, ed. Kristie Fleckenstein, Sue Hum, and Linda Calendrillo. Chicago, IL: Parlor Press, 2007, p.33-51.

第４章：

"More Material Hermeneutics." *Yearbook of the Institute of Advanced Study on Science, Technology and Society*. ed. Arno Bammé, Günter Getzmyer, Bernhardt Wieser. Graz: Profil Verlag, 2005, p.341-50.

ドン・アイディ　著作目録

1：*Hermeneutic Phenomenology: The Philosophy of Paul Ricoeur*, Evanston,

Northwestern University Press, 1971.
2 : *Sense and Significance*, New York, Humanities Press, 1973.
3 : *Listening and Voice: A Phenomenology of Sound*, Athens OH, Ohio University Press, 1976.
4 : *Experimental Phenomenology*, Albany, State University of New York Press, 1977.
5 : *Technics and Praxis: A Philosophy of Technology*, Dordrecht, D, Reidel Publishing Company, 1979.
6 : *Existential Technics*, Albany, State University of NewYork Press, 1983.
7 : *Consequences of Phenomenology*, Albany, State University of NewYork Press, 1986.
8 : *Technology and the Lifeworld: From Garden to Earth*, Bloomington, Indiana University Press, 1990.
9 : *Instrumental Realism: The Interface between Philosophy of Science and Philosophy of Technology*, Bloomington, Indiana University Press, 1991.
10 : *Philosophy of Technology: An Introduction*, New York, Paragon House, 1993.
11 : *Postphenomenology: Essays in the Postmodern Context*, Evanston, Northwestern University Press, 1993.

12：*Expanding Hermeneutics: Visualism in Science*, Evanston, Northwestern University Press, 1998.

13：*Bodies in Technology*, Electronic Mediations Series, Minneapolis, University of Minnesota Press, 2002.

14：*Postphenomenology and Technoscience: The Peking University Lectures*, State University of New York Press, 2009.

15：*Experimental phenomenology: Multistabilities*, Albany, State University of New York Press, 2012.

16：*Husserl's Missing Technologies*, New York, Fordham University Press, 2016.

17：*Medical Technics*, Minneapolis, University of Minnesota Press, 2019.

訳者解題——世界の肉としてのテクノロジー

本書『技術哲学入門：ポスト現象学とテクノサイエンス』は、技術哲学者のドン・アイディ（Don Ihde）による *Postphenomenology and Technoscience: The Peking University Lectures*（State University of New York Press），2009の全訳です。

ドン・アイディは、アメリカの技術哲学分野では避けて通ることのできないほど著名な哲学者・功労者です。著作も多数存在しますが、彼の本はこれまで一冊も邦訳されてはきませんでした（論文は一部、訳されていましたが）。そのため本書がドン・アイディの哲学を紹介できる最初の邦訳著書となります。

本書の成立過程についてはイントロダクションにも詳しいのですが、本テクストは、アイディが二〇〇六年四月に中国の北京大学にゲストとして招待され、そこで行った四回の講義ドラフトをもとに編集されたものです。本書の章立ての四章が四回の講義に対応しています。

北京大学での講義の二年後、二〇〇八年五月に、まず本書の中国語版が、唐伊德（Don Ihde）『让事物〝说话〟：后现象学与技术科学：LET THINGS SPEAK POST-PHENOMENOLOGY AND TECHNOLOGY』というタイトルで北京大学出版社から刊行されています（北京航空航天大学の韩连庆教授が翻訳）。その翌年の二〇〇九年にアイディは、入門書の性格をもつコンパクトな本書を英語版の自著として出版しています。本書の定本がこれにあたり、中国語版との異同については最後に触れたいと思います。

1 著者について

著者のドン・アイディは、一九三四年一月一四日生まれで二〇二四年一月一七日に亡くなられました。九〇歳でした。本書を日本語に翻訳することの連絡を生前伝えることができず、心から残念でなりません。

退職するまで彼は、アメリカのニューヨーク州立大学のストーニー・ブルック校に勤め、技術哲学の教授として教壇に立ちながら、世界各国で積極的に講演を行っていました。二〇〇三年には来日も果たしており、その日本で体験したロボットについての分析が本書で紹介されています。ニューヨーク州立大学（ストーニー・ブルック校）の名誉教授でした。

二〇二三年四月には、国際技術哲学会（SPT）の現会長であるロバート・ローゼンバーガーが編集したアイディの著作のアンソロジー『クリティカル・アイディ（*The Critical Ihde*）』（State University of New York Press）が刊行されています。その本からのアイディの紹介を抜粋しておきましょう。

誇張なくいえば、彼は技術哲学と科学技術研究の両分野において「頼れる」現象学者である。アイディのキャリアにおける学術的成果は膨大であり、これまでに三二冊の著書を執筆している。……さらに、彼は数多くの賞を受賞しており、その中には、技術哲学会からの生涯功労賞、メディア・エコロジー協会からのウォルター・J・オング生涯学者賞、国際生物哲学フォーラムからのゴールデン・エウリディケ賞、そしてアメリカ科学振興協会のフェロー選出などが含まれる。

こうした数々の栄誉を受けたドン・アイディは、どのようにして技術哲学者になったのでしょうか。

彼はアメリカで生まれ、カンザスの農村で育ちます。父や叔父たちは農場で働く技術者であり、叔父のひとりは初期の飛行機乗りでもあったようです。アイディの少年時代、誰もが何かを発明することを夢見る「ブリコルール（即席工作人）」で、彼自身も兄と一緒に耕作支援の機械を制作したりもしていました。当時の人々は、テクノロジーが急速に進歩するなかで「やればできる」という実感を手にし、それが希望となって未来を明るく照らし出していた、とアイディは振り返っています。

とはいえ、彼が技術についての哲学に取り組むようになったのは、これよりもずっと後のことです。

2　出発点の現象学、そして技術哲学者になるまで

アイディは一九五九年にアンドーヴァー・ニュートン神学校で神学修士号を取得していますゝもともとは神学への関心があったようですが、大学院の博士課程からはボストン大学に移り哲学を学ぶことになります。大学院生時代、アメリカの大学ではカミュやニーチェ、キルケゴールといった実存主義が流行していましたが、アイディは一九六二年に忘れられない著作に出会います。

それは、生前の現象学者フッサールの講義も受けていたハーバート・スピーゲルバークによって英語で書かれた『現象学運動』（一九六〇）です。この著作は一時代を築いた現象

学という哲学運動の多様な軌跡を描き出したものであり、アイディはこの本を通して当時流行していた実存主義の基底に現象学があることをはっきり認識するに至ります。それから彼はフッサールやハイデガーといった現象学の著作をとにかく読み漁ったようです。

彼は技術哲学者ではありますが、本人も当然そう自覚していたように紛れもない現象学者でもありました。その理由として上記のような大学院生時代に受けたインパクトと、その後吸収した現象学の素養があったことに間違いはありません。

一九六四年にアイディはボストン大学で哲学の博士号を取得しています。博士論文のテーマは、現象学の創始者であるフッサールの著作をフランス語へと翻訳したポール・リクールの「解釈学」に関するものでした。アイディは本書において、テクストだけでなく、物質も、技術も、科学も「読まれる／解釈される」ものだという点を強調します（他方で、言語に力点を置きすぎたリクール解釈学の狭隘さを批判します）が、そうしたアイディの独自の解釈学の展開はこの初期の研究が端緒になっています。

その後の非常勤講師時代には、フッサールの『イデーンI』や『デカルト的省察』、ハイデガーの『存在と時間』等を講義テクストとして使用していたようです。そして一九七一年には、彼の最初の著書『解釈学的現象学：ポール・リクールの哲学』が出版され、そこから数年の間に数冊、アイディ独自の現象学的な著書が出ています。

とはいえ、ここまでのところアイディにはテクノロジーや科学技術にかかわる顔は見られません。しかし一九七九年には、アメリカにおける技術哲学の最初の書ともいわれる『技芸と実践：技術の哲学』が出版されることになります。

この間に起きた変貌とはなんなのでしょうか。アイディ自身、一九六四年の博士論文執筆後、一〇年も経たないうちにテクノロジーという哲学的課題を見つけたと述懐しています。この出会いの一端は興味深いものなので紹介しておきたいと思います。

非常勤講師時代のアイディは、ある講義の研究テーマとして「労働の現象学」を行おうとしていたようです。高度に技術化された社会において人間が働くというのはどのような経験なのか、余暇と労働の関係はどのようなものか、そうした問いを考察していたのです。

彼は当時、アーレントやアンダース、マルクーゼ等、ハイデガーの影響を受けた思想家の本も読んでいたのですが、ディストピア的な未来を描くものが多くどうもピンときません。本書でも述べられているように、アイディはハイデガーの技術に対するロマン主義的なディストピア傾向をかなり辛辣に批判しています。他方で、テクノロジーの未来に楽観的な希望だけを見るユートピア的思想にも違和感を感じていました。

そこで彼はフッサールに立ち返ろうとします。フッサールであれば何と述べるであろうかと。彼は端的にこう述べるでしょう。

「自分の現象学をやりなさい（Do phenomenology）！」

そこでアイディは、私たちが日常生活で集中しているときに何をやっているのかを調査し始めます。まず学生たちに、彼らの行動とテクノロジーの関係を日誌に記録させました。つまり生活の中でのテクノロジーとの接触回数を全て数え上げ、項目化させ、それを現象学的に分析したのです。

朝、目覚めるときには目覚まし時計、顔を洗うための水道設備やシャワー、タオル、朝食のためのトースターや冷蔵庫、照明器具など、キリがないほどのテクノロジーとの接触を介して私たちの生活世界が維持されていることが明らかになります。実際に、あなたも今日一日いくつの道具や機器、設備に触れ、かかわっているのかを数え上げてみれば、その圧倒的な数量にめまいがするはずです。

こうしたことは、いわれてみれば当たり前のことです。しかし、現象学という哲学的アプローチにとって何よりも重要なのは、私たちがそのように素朴に生きているときの生活世界の体験（自然的態度）の自覚化に他なりません。テクノロジーによって製造された数々の道具や機器に取り囲まれた生活世界は、純粋な自然体験などありえないことを明らかにします。

たとえば子どもが立ち、歩き、食べ、排泄するという基礎的な身体動作の発達とは、床や道路、食器やスプーン、便座やトイレットペーパー、水の流し方という人工的環境や道具の使用法を学習することに等しいものです。立つという基礎動作の獲得は、人間にとってはもはや物理的、生物学的、発達心理学的な自然の出来事ではありません。

本書第2章の最後で語られる人間とテクノロジーに関する四つの関係性（身体化の関係、解釈学的関係、他者性の関係、背景的関係）もこうした分析から明らかになったものです。テクノロジーによって可能になった日常空間があって初めて、私たちは他人とかかわり、会話を交わし、労働を行うことができます。

アイディはこうした技術との出会いをハイデガーの影響も受けつつ「擬似－透明化（quasi-transparent）」として明らかにします。テクノロジーは完全に見えなくなるのではありません。むしろ知覚の中にはそれらが溢れ、溶け込み、私たちを常にすでに取り囲んでいるのですが、私たちはそれを気にかけることも、そこに目を向けることもほとんどないのです。

しかもこの擬似－透明化は、以下のようにも理解できます。たとえば一個の電化製品を取り上げてみましょう。それがどこにある工場で組み立てられ、材料はどこからやってきたのか、そのための電気や水、廃棄物の総量はどれほどなのかをトレースしようと思えばできないこともありません。その先にはグローバル化され、資本化された巨大なマーケットがあり、温暖化を含む地球の気候変動にまでつながっていくはずです。しかし私たちはそうしたことを自覚することはなく、私たちの具体的経験はそれらから切り離されてしまいます。

技術のネットワークはあまりにも巨大で、社会や制度とも重層的に絡まり合っています。アイディはこうした「技術に覆われた生態系」を「テクノシステム」と呼びますが、もし私たちが明日、この技術的能力・システムの一切を突然失ったりすればどうなるでしょうか。アイディの答えはこうです。人類の荒廃という点からいえば、テクノシステムの喪失による被害は、よりゆっくりと痛みを伴いながら進行していくが、結果として、核戦争がもたらす危機とそう変わらないだろうと。

現代社会の一員として生活し、働き、暮らすことが、テクノロジーとの接触なしにはありえないことをアイディは深く自覚する中で、一九七五年、技術哲学に関わる最初の論文「人間と機械の関係の現象学（A Phenomenology of Man-Machine Relations）」を発表します。どうやら、このタイトルに含まれるManを人間として理解するのは、あまりに男性中心主義的発想だとの批判を受けることで、アイディはそれ以来、Manに代えてHumanという語を意識的に用いるようになったようです。ここには、その後のアイディのフェミニズム尊重のまなざしも含まれています。ともかくここでの研究が端緒となって一九七九年の『技芸と実践』という著作へとつながっていくのです。

ここまでの逸話は、アイディの著作『テクノロジーと生活世界』（一九九〇）や『フッサールの失われたテクノロジー』（二〇一六）において語られているものの一部を参照していますが、こうした紹介だけでもアイディが、現象学を通してどのように技術哲学者になっていったのか、その足跡が明らかになるのではないでしょうか。

3 ドン・アイディという哲学者のスタイル

アイディは、上記のように現象学のアプローチを起点に人間とテクノロジーの問題を展開します。彼にとってフッサールは確かに「最も深い哲学的影響を与えた哲学者のひとり」なのですが、彼は自分の研究スタイルとして、アーカイブや図書館での文献研究に閉じこもることはしないとも強調しています。フッサールやハイデガーの現象学の限界を暴き出し、それを乗り越え、さらに先へと進めていくには実際の現場で哲学をするしかない。この姿勢こそが彼の生涯を通じた哲学のスタイルでした。

なぜ彼が、自分の哲学の方法的アプローチを「ポスト現象学」と名づけ、フッサールやハイデガーなど現象学の第一世代の人々のアプローチを「古典的現象学」と名づけているのか、その秘密のひとつがここにあります。アイディの「哲学すること」のスタイルは、単に哲学者のテクストを読解するだけでは終わりません。彼はいつでも自らの哲学を現実世界における「問題指向（problem-oriented）」として貫こうとしました。本書でアイディは、現象学とプラグマティズムの相互反照的な関係を強調していますが、中でも重要なポイントが「理論」よりも「実践」です。技術的、科学的対象は現実的な物質性をもちますが、その物質性との身体的な関係こそが重要だということに他なりません。

こうした発想は、フッサール現象学から出発しながらリハビリテーション医療や精神医学のフィールドで課題を見出し現象学の展開を試みてきた、私自身の研究スタイルとも重なり、強い共感を覚えるものです。身体（の症状や損傷）は、社会的、政治的意味が浸透しているとはいえ、テクストでも言語でもなく、物質性をもつものです。この物質性とのかかわり抜きに身体性について理解することはできません。このことが、私が本書の翻訳を手がけようと思った動機のひとつでもあります。現象学もテクストを学んでいるだけでは完結しません。

またアイディは、学術書では珍しく、個人的な体験を挿入する執筆スタイルをとっています。本書の中でも、彼が自分の庭で野菜の栽培をしている様子や、自分の息子から届いた電子メールが文字化けして読めなかったエピソードなどがいくつも散りばめられています。

この点は、アイディが最も敬愛していた作家がキルケゴールであったことが関係しているようです。彼の実存的で皮肉のきいた個人的な記述スタイルが、自分にとっての文体のヒーローなのだとアイディは繰り返し述べています。それと同時に、自らの個人的エピソードを具体的経験のひとつとして現象学的に昇華していく作業は、アイディが紛れもなく現象学の徒であることを証していると私には思えます。

アイディの晩年の著書『医療技芸（*Medical Technics*）』（二〇一九）は、八五歳になったアイディが、白内障手術や心血管系疾患のためのバルーン血管形成術、膝への人工関節手術を受けた体験をもとに自伝風に語られたものです。老いていく身体が医療テクノロジーによって延命されるなか、ダナ・ハラウェイの言葉を借りれば、生身の人間からサイボーグ的な存在へと自分が変容していく、そのトレードオフ的な体験が個人的なものとして克明に描かれています。

とはいえアイディは「私はサイボーグとしてのアイデンティティが高まることをそれほ

ど悪いことだとは思わない。死ぬよりは、部分的にサイボーグであるほうがいい」として、自分が「老化するサイボーグ」であることを受け入れようともしていました。

ここで出てきたダナ・ハラウェイは、アイディの長年の研究仲間であり、生物学を基礎に据えた「サイボーグ・フェミニズム」を宣言することで、女性という性の存在を機械と有機体のハイブリッドとして展開した著名な（技術）哲学者です。

科学の歴史は多くの場合、男性中心的なものとして語られます。が、本書では、そうした科学史において見逃すことのできない女性科学者の功績についても語られています。アイディが科学やテクノロジーの領域に含まれるセクシュアリティの問題に目を向けていることは、フェミニズム技術論の嚆矢であるハラウェイとの交流が関係していたことにもよるのでしょう。

これに関連してアイディは、『テクノロジーと生活世界』の中で避妊技術の進展による二〇世紀の性的実践についても考察しています。現代社会における妊娠の責任は避妊技術に関する知識とその利用に明確に結びついています。一〇代での女性の妊娠が多くの伝統社会においては「当然のこと」と認識されていたのに対し、高度技術社会では「問題」として認識される背景には生殖補助医療としてのテクノロジーの開発が潜んでいます。現代において再度注目されている「反出生主義（antinatalism）」という「産まない選択」にかかわる哲学的議論も、実は避妊テクノロジーの普及と切り離して考えることは難しいものです。

アイディが強調するように、テクノロジーは自律的でも、中立的でもありません。それは文化や社会、政治体制の差異に応じて一度出現すると、それらと絡み合い、私たちの世界の見え方や認識、実践的な行為を現実的に変容させてしまうものです。そうした現実の力が発露する場所を、媒体としてのテクノロジーから明らかにすることがアイディの変わらぬ実践スタイルでした。

4　本書の内容

さて本書の内容になりますが、これはアイディが中国の北京大学の学生に対して行った講義でした。そのため比較的わかりやすい言葉で、簡潔にこれまでの仕事をまとめ、みずからの固有な哲学的軌道を浮き彫りにしようとしています。

基本的には、タイトルに含まれている「ポスト現象学」（第1章）と「テクノサイエンス」（第2章）というアイディが創作した二つの固有なタームをめぐって人間と技術の関係性を多面的に探究するものとなっています。第3章、第4章は、前章までの道具立てを用いてアイディが一〇年以上の時間をかけて行ってきた実践編です。

わかりやすいとはいえ、それでも現象学や技術哲学という哲学アプローチに関する専門的理解も含まれていますので、上記の二つの用語がどのような問いの射程をもつものなのか概括をしておきたいと思います。

4-1 ポスト現象学は何を行うのか?

本書は、「サイエンス・ウォーズ」という科学者と哲学系・人文学系学者との間に起こった、普遍主義と相対主義をめぐる論争からスタートします。科学は人間の営みから独立したものなのか、あるいは、それに依存するのか。アイディの立ち位置は明確です。どうしてこうした論争が起きたのか、なぜなら科学という営みを観察し、解釈するアクターが増え、視点が多様化しているからだというものです。

科学の営みには実際に多くのアクターが介在しています。物理学などの理論研究を行う科学者だけではありません。そうした訓練を受けながらも内在的に科学の営みを批判する科学哲学者や歴史学者、あるいは社会科学や人文科学といった外在的な立場から批判する研究者、さらには文化や流行、政治体制、資金援助、その時代に可能になったテクノロジーといったいくつものファクターの影響を受けて科学は行われています。それらのどの視点・立ち位置から科学を捉えるかに応じて、科学の見え方、解釈は変わります。

アイディ自身の言葉では、「科学は今や、文化的に完全に変容するもので、歴史的、偶発的、可謬的、社会的なものとみなされ、その成果がどのようなものであっても、その知識は実践から生み出される」ということになります。

彼はこの「サイエンス・ウォーズ」の解釈を手がかりに、現象学という哲学的アプローチでさえ、時代の解釈によって変化することを導き出そうとします。第1章はまさに、アイディ固有の「ポスト現象学」の説明に重点が置かれますが、すでに古典となった現象学を具体的経験に即して拡張するためにアイディがその解釈を変えていくプロセスが描かれます。

その内容を端的に述べれば、「デューイのプラグマティズムを現象学へと実り豊かに展開すること」になりますが、別言すると、それは以下の三つの原則を遵守しようとするものです。

（1）超越論性の放棄＝非本質主義＝非基礎づけ主義＝経験的転回
（2）「意識」や「表象」、「主体‐客体」といった伝統的認識論モデルの放棄
（3）環境と人間（有機体）がかかわる具体的経験／実践の重視

哲学的な議論は、抽象的な概念を増やしていくことで、知らないうちに社会的現実から切り離され、複雑なテクスト間の整合性を確かめるパズルのようになってしまうことが多々あります。実際に現象学もしばしば難解だといわれますが、上記のことがその理由のひとつです。そもそも「超越論性」や「表象」などといわれても、一般の人にはほとんどわからないのではないでしょうか（簡単にいうと、超越論性というのは「技術は人間を滅ぼす」といったあまりに大きな主語による一般命題のことであり、上空飛行的思考ともいわれます。表象というのは、心や思考の中の内的イメージのようなものです）。アイディはこうした哲学パズルの罠に陥らないように、環境にかかわる有機体の経験を重視するプラグマティズムを通して、現象学を実践課題に適応できる形に鋳直そうと試みるのです。

それがアイディが提起する「ポスト現象学」です。この言葉は一九九三年前後にアイディが導入したものですが、「ポストモダン」や「ポスト構造主義」などといわれるときの時流や趨勢を示す広い意味ではなく、従来の古典的現象学を手がかりにしつつ、概念工学のようにダメなところは切り捨て、修理を施しながらテクノロジーの現実の力に迫ろうとするアイディ独自の哲学的アプローチを意味します。

アイディが警戒していたのは「観念論や独我論に囚われた反科学的なものとしての主観

主義の哲学」であり、ポスト現象学は「非主観的で相互関係的な現象学」であるとも述べられています。ただし、上記の原則を遵守するとはいえ、彼は古典的現象学から抽出した重要なポイントを手放すこともしません。そのポイントとは以下の三つです。

①変更理論（variational theory）
②身体化（embodiment）
③生活世界のコンテクスト（context of lifeworld）

これら三つはどれもフッサールの現象学に由来するものではありますが、アイディは①はフッサール、②はメルロ＝ポンティ、③はハイデガーの現象学に色濃く現れているものだと認識しています。以下ではその三つについて簡単にまとめておきます。

①変更理論

本書では「変更理論」という言葉のほかに「変項」という訳語が多く用いられています。この辺りは、訳者泣かせのところのある難しい概念です。実際にアイディの英語表記にも揺れがあり、variation(s), variational, variable(s), (in)variant(s)といった類似語がほとんど同じような意味で用いられています。

日本語のカタカナ語にもなっている「ヴァリエーション」と訳してしまってもいいかとも考えたのですが、重要なのは「変更する働き」(動詞的／ノエシス的使用)と、その結果安定する「変項」(名詞的／ノエマ的使用)の区別があるということです。これはフッサールの現象学の使用法でも同様です。

そもそも変更理論というのは、後期フッサール現象学で確固たるものとなる物事の本質をとらえるための方法論のことです(その点、アイディは初期フッサールと述べていますので、誤解があるかもしれませんが)。

私たちは普段、リンゴとナシの違いや、犬や猫の違い、植物とおもちゃのロボットといった生物と非生物の違いを理解しています。正確には、あたかもそれらの本質を理解しているかのように行為することができます。これはほんの幼い子どもでもそうです。しかも私たちはそれら本質を、教科書や学校で教えられる前からそうできるのです。

フッサールはここで働いている人間の実践能力を「本質直観」と呼びます。この本質をつかむ働きは、論証をしたり、帰納推理したりすることの延長上で生じるものではありません。私たちは世界のさまざまな対象に出会うなかで、あるとき一挙にその本質を直観してしまうのです。

そしてこの本質直観のメカニズムを支えるものが「変更理論」と呼ばれます。例えば、子どもが一匹の芝犬をはじめて見たとします。この一匹の知覚経験から「犬の本質」が理解できるかといえば、それはできないでしょう。子どもはその後も何匹かの異なる犬を実際に見たり、絵本やテレビなどのメディアを通して経験するかもしれません。しかしでは、何匹の犬を見れば子どもは犬とは何かというその本質が理解できるようになるのでしょうか。

おそらく子どもは、そこまで多くの犬を見なくても犬を理解できるようになります。それはなぜか。そこで重要になるのが想像力の働きによる「自由変更（free variation）」だとフッサールは考えたのです。

私たちが何匹かの犬を見ると、それぞれの知覚は記憶となって意識下に沈澱していきます。そしてその意識下では、知覚されたものがそのまま精確に保存されることはなく、むしろ記憶イメージは、過去が美化されるようにおのずとズレを含みます。耳の大きさや足の長さが伸び縮みしたり、尻尾が太くなったり、体毛の色が変化したりと多種多様にイメージは変容してしまいます。このイメージのブレやズレのようなものが、ヴァリエーションの多様性、すなわち「変項多様性」を生み出します。この無数の変項は、どれひとつとして同じものはないかもしれませんが、それでも部分部分はどこか合致しているところもあります。
自覚的な思考であれ、無意識や睡眠時においてであれ、想像力によって変更される多様な犬の変項が、私たちの中で勝手に増えては戯れ合います（この点、カントの構想力とも似た働きをします）。すると、それらさまざまな変項を貫いて合致するものが、つまりそれ自体は変化しない「不変項＝犬の本質」が自動的に作り上げられてくるのです。

こうしたことの大部分は、私たちの意識の範囲外で生じるプロセスです。そのことをフッサールは「無意識による受動的な先構成」と呼びますが、この先構成された同一の不変項を、自覚的にあらためて把握したとき、それが本質として析出されるのです。

アイディは、こうしたフッサールの現象学的な本質直観を理解した上で、以下のように述べます。「この変更理論は、何が変項であり、何が不変項であるかを見極めるために用いられるが、私はこの技法を、どんな現象学的分析においても非常に重要なものだとみなしている」と。

とはいえ、フッサールにとって重要なのは、あくまでも無数の変項を貫いて同一にとどまる「不変項＝本質」の方でした。対してアイディはその逆に、いつ揺らいでもおかしくはないが、多様な仕方で安定する「変項」の方に力点をおいています。本書ではそのことが、錯視図形の例を通して知覚がいくつもの安定的な変項（舞台やピラミッド、ロボット等）をもつことによって示されています。

さらにそこからアイディは、多様な仕方で安定して存在するテクノロジーの文化的差異を取り出す方向にフッサールの変更理論を拡張します。「弓矢」という技術の本質は、弦と弧で矢を射ることですが、その技術の本質からは、なぜイギリスでは「ロングボウ」が、中国では「大弓」が発明されたのか、その変項多様性を説明することはできません。「弓矢」という「同一の本質」をもつテクノロジーは、物質性と機能性、コンテクストをもつ「具体物」として実現されますが、本質はその技術的具体化を規定しないのです。むしろ異なる文化的、時代的背景の中で技術の本質は、ゆらぎながらも独自で多彩な安定形態に落ち着いていきます。「設計者の誤謬」という予測しえないテクノロジーの効果が生じるのも、多様な変項として実現されるからです。

こうした現象を捉えるためにアイディは、非線形力学や工学、神経科学でも扱われる「多重安定性（multistability）」という概念を導入します。彼にとって知覚が多重安定的であるのと同様、テクノロジーも多重安定的なものです。そしてこの多様な「変項」が生じてくる場面に「身体化」と「生活世界」という現象学の異なる重要ポイントが関係してくることになります。

②身体化

アイディの哲学スタイルは実践の重視でしたが、この「身体化」という概念は、私たちが世界に関わるさいの基礎的な実践経験にかかわっています。先に「擬似－透明化」について触れましたが、これも身体化のひとつの効果に他なりません。

杖やメガネといった道具は、私たちが世界にかかわるさい、それらが擬似的に透明になる（それ自体が見えなくなる）ことで優れた機能を発揮します。それはまるで動かそうと意識しなくても動いてくれる自分の身体のようです。テクノロジーは「身体の一部になる＝身体化する」という仕方で私たちの経験の中に入り込んでいます。その反対に、道具が壊れたりしてこの透明性が破られることを「ブレイクダウン現象」といいます。

ただしアイディは、この身体化という概念を、明示してはいませんが、かなり広い意味合いで用いており、そこにはいくつか異なるモードが含まれています。

一つ目は上記のように「擬似－透明化」するという意味での身体化です。それは身体に馴染むものであると同時に、身体能力を拡張するものでもあります。知覚を能動的に構成するという意味もあります。

二つ目の身体化は、レンズによる天体望遠鏡や電磁波をキャッチする電波望遠鏡にも共通しますが、それらがとらえる対象は人間の身体が感受でき、操作できる範囲に制限され、変換されるという意味での身体化です。望遠鏡で月を見るさい、方角やレンズの焦点を合わせるために機器の微妙な操作が必要になります。ちょっとした指や腕の動きが、対象物をぼやけさせたり、消失させたりしてしまうこともあるからです。このような身体動作は、肉眼で月を見るさいには必要のないものでした。新しいテクノロジーとともに新たな身体動作の学習が対象を理解するために必要になります。このことは電磁波のように知覚できないものを画像や計器を通じて読み取る解釈の作業においても前提されているものです。クジラの鳴き声は人間の可聴域の範囲内へと周波数が変調されます。対象との解釈学的関係それ自体が身体化を必要としているのです。

　三つ目は、「科学が実験器具なしには成立しえないこと」や、「意識がテクノロジーによって媒介されること」という意味での身体化です。アイディは科学も意識もテクノロジーによって身体化されていると述べますが、ここでの身体化とは、人間の行為や意識には「物質性」の関与が不可避であるということに他なりません。アイディが取り上げている事例でいえば、近代のコミュニケーションでは往復書簡という「手紙」のやり取りが主流でしたが、現代では「パソコン」や「スマートフォン」によるEメールやソーシャルメディアに変わっています。長文の手紙を送ってから、数週間後に返事が届くのを待つコミュニケーションと、即座に相手に届き、返信もその場で戻ってくる短くスピーディなコミュニケーションとでは、私たちの思考や行動までが変化している可能性が高いのです。

この身体化に関与する物質性こそ最後の現象学の重要ポイントである生活世界という問題に直結することになります。

③生活世界のコンテクスト

「生活世界」という概念は、後期のフッサール現象学に由来するものですが、アイディはこの概念を通じて、私たちの身近にある技術や道具のあり方に迫ろうとします。その場合、フッサールよりもハイデガーの道具分析にアイディは一目置いています。

生活世界とは、私たちが普段何気なく生き、暮らしている現実世界のことです。この生活世界は物質性によって形作られていますが、そこには「文化的-歴史的次元」の深みもあります。弓矢の事例で述べましたが、イギリスのロングボウと、モンゴルの馬上の弓と、中国の大弓がそれぞれ異なる具体的形態として安定したことには、いくつもの文化的、地域的、歴史的コンテクストが関係しています。それぞれの弓で用いられる身体化の技能も異なります。

このように具体的な技術品がそれとして一個の形になって安定していることの背景は、生活世界に密着した調査を行うことでしか見えてきません。それはまた「技術の多次元性を生活世界内部の物質文化として評価する」ことでもあります。それによってたとえば、古代エジプトの数字システムが、居住区や農地の区画を境界づけるロープのような道具のイメージから作られていることが発見されたりもします。

テクノロジーは物質性を介して生活世界の中に溶け込んでいますが、もっといえば、その物質性を通じて生活世界そのものを作り上げています。生活世界を知るということは、どのようなテクノロジーによって私たちが生きる空間が物質的に編み上げられているのかを明らかにすることです。「ポスト現象学が、社会生活、個人生活、文化生活におけるテクノロジーの役割を調査し分析する」には、この物質性への着目が何よりも重要になるのです。

以上の三点が、アイディが古典的現象学から抽出した核となるポイントであり、それらを活用し、実際にテクノロジーが働いている生活世界を探究するのがポスト現象学の課題となります。

アイディの功績を一言で特徴づけるとすれば、現象学のメソッドを用いて私たちと世界を繋いでいる「身体」の位置に「テクノロジー」を置いたことといえます。フランスの現象学者メルロ＝ポンティはかつて、私たちの身体を「世界の肉」と呼びました。「肉」とは厚みと質量をもつと同時に、生活世界の歴史や制度が折り畳まれた生きた物質です。その意味でもアイディはまさに「肉としてのテクノロジーの現象学」を展開する道を拓いたともいえるでしょう。

4-2　テクノサイエンスの現場へ

「ポスト現象学」につづき、アイディが創作した「テクノサイエンス」という概念に向かいましょう。これを理解するには「技術哲学」という分野が一九世紀以降に新しく勃興してきた歴史（＝生活世界のコンテクスト）を知る必要があります。

アイディが強調するように、古典的現象学を代表するフッサールやメルロ＝ポンティはテクノロジーを哲学的な問いに仕上げることはしませんでした。しかしそのことは、彼ら古典的現象学者だけに妥当するのではありません。哲学の歴史を振り返ってみても、古代から一貫して技術が哲学的に重要な問いになることはなかったのです（個々の論点として技術を取り上げていた哲学者や思想家は当然いましたが）。彼らにとってテクノロジーはまさに擬似‐透明化しつづけていたということに他なりません。

それに対して二〇世紀に入ると、古典的現象学者の中でただひとり、ハイデガーがテクノロジーを現代における重要な哲学的問いとして提起します。その背景には、産業革命以後のメガテクノロジーの隆盛や世界大戦といった人間の生活世界に与えた強大な影響力があります。この辺りの技術哲学の生成史については、アイディによる本文を参照してください。

「テクノサイエンス（技術科学）」というアイディの造語に戻れば、なぜそれが「サイエンステクノロジー（科学技術）」ではないのかを考慮する必要があります。この微妙な語順の配置にこそ、アイディの深い洞察が隠されています。

　およそ二五〇〇年前のギリシア神話には、オイディプスがスフィンクスの謎かけに答える場面があります。その問いとは、「ひとつの声をもちながら、朝には四つ足、昼には二本足、夜には三つ足で歩くものは何か」というものでした。これに対してオイディプスは、それは「発達する人間」であり、幼年期は四つ足で歩き、青年期は二本足で直立し、老年期は杖をついて三本足になるからだと答えたというものです。

　私はこの謎かけを子どものころに聞いたとき、なんてインチキな解答だと思ったのをよく覚えています。最後の三本足の「杖」は足ではないと単純に思ったからでした。しかしそのことを今改めて考えてみると、二五〇〇年前というこの時代においても、老人が足の代用品として杖をつくのは当たり前のことだったのが分かります。しかも道具である杖を身体の一部に組み込んだうえで、なおも人間という理解が成立するということでもあります。

ここからスフィンクスの謎は、上記とは異なる見方で捉えることも可能になります。すなわち、四つ足は哺乳類を代表とする「動物」であり、その後の直立二足歩行は二五〇万年以上も前に出現したホモ・エレクトスを代表とする「ヒト属」、そして最後が二〇万年ほど前から技術による道具を自らに身体化した「人間（ホモ・サピエンス）」というストーリーです。つまり「技術と一体になった身体をもつ人間」への進化プロセスとしても理解できるのです。

テクノサイエンスという語を理解するさいに重要になるのが、このようにテクノロジーの起源がかなり古いということです。それは科学よりもはるかに深い歴史をもち、その起源は人間（ホモ・サピエンス）よりも古いものです。にもかかわらず、私たちはテクノロジーというカタカナ語を聞くと、機械やメカ、コンピューターといったごく最近のものであり、それらは科学知識の応用分野であるかのように誤解してしまいます。

しかし先にあるのはあくまでもテクノロジーです。なぜテクノサイエンスであって、サイエンステクノロジーではないのか、単なる言葉遊びを超えた含蓄がここにあります。ガリレオの望遠鏡の改良が科学的発見を導き出したように、テクノロジーが下支えすることで科学的知はみずからを発展させることができるのです。

アイディは、科学に先立つテクノロジーの起源を弓矢や幾何学、天文学の歴史を遡ることで明らかにしようとしています。しかもそのさい、彼は科学やテクノロジーの歴史がヨーロッパ中心的な物語として語られてきたことに警鐘を鳴らしながら、「多くの文化や伝統に属するものの実践にも細心の注意を払わねばならない」と強調します。科学だけではなく、テクノロジーもまた多文化的現象であると同時に、多起源的な歴史をもつというアイディの洞察は、ポスト現象学の成果のひとつでしょう。

ただし歴史的にはテクノロジーが科学よりも先にあったとはいえ、現代においては科学知識が新しいテクノロジーを進歩させることもまた確かです。その意味でテクノロジーとサイエンスは、今やどちらか一方が他方を導く関係ではなく、相互に影響を与えながら切り離しがたいサイクルを形成しています。それがアイディの考える「テクノサイエンス」という概念の含意です。それは「科学とテクノロジーのハイブリットな成果であり、それらは合成された統一体として密接に結びついて」いるものに他なりません。

5　本書のさらなる展開に向けて

ここまで説明してきたように、アイディは「ポスト現象学」と「テクノサイエンス」という二つの語を用いながら、第3章以降、二〇世紀後半におきた技術革命のひとつとしてのイメージング・テクノロジー（画像化技術）の歴史と展開を取り上げます。

現代社会ではとにかくブラックボックスを開示して、「見える化する」ことや「解像度を高める」ことが要請されますが、こうした動きの背後に実はテクノサイエンスが起こした見えないものを見る技術の進歩が隠されています。宇宙放射線やブラックホール、脳内の神経系や細菌、ウイルス、放射性物質にいたるまで、現代以前の人類がまったく知らなかった物体や身体、生命の広大さと奥深さ、微細さを垣間見させてくれたのは画像化技術のおかげに他なりません。

アイディはこの新しいテクノロジーが生じてきた歴史的背景を、天文学という人類が古代から抱きつづけてきた空への欲望の多文化的軌道として明らかにしていきます。さらには、電磁波という聴覚的なものを視覚的対象へと変換するテクノロジーを通して、言語やテクストに焦点を当てる哲学的な「解釈学」を超えて、さらには科学が重視する「視覚的解釈学」さえ乗り越えた先に「物質的解釈学」の可能性があることを示唆します。それは、自然科学者だけではなく、人文・社会科学者にとっても探究を進めるための重要な手がかりになるものです。「物質に声をもたせる」や「物質そのものが語る」という文学的比喩にも思えることの科学的解明を、ポスト現象学が担えることが主張されているのです。その具体的内容については、ぜひ本書を最後まで読み進めてみてください。

この画像化技術に関連して、オランダの技術哲学者であるピーター＝ポール・フェルベークはアイディのポスト現象学を倫理的方向へとさらに進める研究を行なっています。そこでも画像化技術の身体化の問題が取り上げられていますが、彼の『道徳化するテクノロジー（邦訳：技術の道徳化）』（法政大学出版局）では、超音波によるエコー技術が胎児の視覚化を可能にすることで、人間の知覚そのものが現象学的に拡張されているという議論が行われています。現在ではさらに、胎児の遺伝子情報でさえ可視化され、出生前診断が可能になることで、「リベラル優生学」という親が行う出生に関する選択の倫理的責任が問題視される局面にまで来ています。

とはいえアイディは、こうした倫理的責任の問いについて、そこまで明確に展開できているわけではありません。一部参考になるのは、日本語に翻訳されているアイディの論文「技術と予測が陥る困難」、『思想』（岩波書店、二〇〇一年七月）であり、その中でアイディは技術的リスクの予測に関して以下の原則を提起しています。

・イデオロギーにもとづく予測（ユートピアであれ、ディストピアであれ）は無効にせよ
・否定的な影響が現れたらただちに影響に注目し、調査せよ。警告は早すぎるくらいに
・多重安定的なテクノロジーの軌道を活用して代替案を増やせ

・専門家以外の多様な利用者による使用試験を企画せよ

これらは今でも遵守されてもいい倫理原則であるはずです。確かにアイディはテクノロジーを一塊のように捉えて普遍化する「超越論性」を批判し、個々の制作／製造プロセスに肉迫することでテクノロジーの個別性を記述することが重要なのだと考えていました。それが「経験的転回」ということの内実でもあります。

しかし他方、個別的なテクノロジーの細部に入り込むことで、テクノロジー全般について何かを主張したり、その倫理的指針を提起する強みが失われるという欠点が指摘され、それがポスト現象学に向けられる批判のひとつになっています。ただしこの辺りは、何よりも記述することを重視するフッサール現象学そのものに向けられてきた批判でもあります。

また本書は、二〇〇九年時点でのアイディの見解ですので、その時期から現在までの間に起こったテクノロジーの展開としてのスマートフォンやソーシャルネットワークサービス、ドローン、ChatGPT等の生成ＡＩの議論など物足りないところがあるのも事実です。

その場合は、上記のフェルベークの本や、マーク・クーケルバークによる『技術哲学講義』（丸善出版）が最近の技術哲学に関わる網羅的視点を与えてくれる良書になっています。彼にはＡＩやロボットの倫理学についての一般書もあります。あるいは、多文化的（＝多宇宙的）視点から、中国の哲学者ユク・ホイが『中国における技術への問い』（株式会社ゲンロン）や『芸術と宇宙技芸』（春秋社）において、アイディも重視する「技芸（technics）」という概念を文化すら包摂する宇宙観と接合しながら展開しています。

さらに、日本人研究者の村田純一先生による『技術の哲学』（講談社学術文庫）は古代から現代に至るまでの哲学に関わる技術への問いを理解する一助として参考になります。村田先生はもともとフッサール現象学の研究者として出発していますから、アイディや私も含め、その点の合致においても興味深いものです。本書を読んだのちに、技術哲学やポスト現象学についてもっと学びたい場合は、上記の作品にも当たってみてください。

アイディのさらなる著作に関しては、本書末尾に掲載されている文献目録を参照していただければと思います。

*

本書の中国語版と英語版の異同に関して、まず唐伊德『让事物〝说话〞:后现象学与技术科学:LET THINGS SPEAK POST-PHENOMENOLOGY AND TECHNOLOGY』というタイトルですが、中国語（让事物〝说话〞）と英語（LET THINGS SPEAK）の両方において「事物に語らせる」というフレーズがメーンタイトルになっています。これは本書の第4章「事物は語るか？」に近い表現を書籍タイトルに選んだものでしょう。また英語タイトルでは、technoscience ではなく、technology と表記されていますが、中国語では「后现象学与技术科学」、すなわち「ポスト現象学と技術科学」と記載されているので、こちらはアイディの造語であるテクノサイエンスに近い訳語が当てられています。

章立てのタイトルにも若干の違いがあります。四章構造であることに変わりはありませんが、たとえば本書第1章にある「第一ステップ」から「第三ステップ」という節タイトルの表記は中国語版には存在しません。

さらに中国語版では、本書にある以上に多くの画像や図表が用いられています。弓矢を射る人の実際の写真や、文字化けして読めなくなってしまったデータのアイディの親族の写真、アイディの脳内スキャンの画像も中国版ではそのまま掲載されています。石器やヴィーナス像もより詳細な画像が用いられています。対して英語版ではそうした画像や絵が大幅に省略され、図表もシンプルなものとなっています。とりわけ第2章と第3章のほとんどはアイディ自身によるデッサンによって置き換えられています。そうした差異はありますが、本書の理解を減じるものではありません。

＊

本書のテクストは、もともと私が東洋大学の大学院博士前期課程の演習テクストとして数年にわたって講読していたものです。その間、さまざまな院生が入れ替わり立ち替わり参加して、訳文を作成しながら多様な議論を交わすことができました。その時の発見や気づきが本書に反映されていることに間違いはありません。参加してくれた学生たちに、ここに記して感謝いたします。

翻訳に関しては、稲垣、増田、沖原が分担しながら全体をまとめ、議論したのちに最終的に稲垣が訳文全体の表現等の調整を行いました。増田は、引用されている文献ですでに翻訳のある著作を対応させ、沖原は、索引の作成およびアイディの業績についての精査を行いました。また本書訳出の参考にした中国語版について、そして本書に登場する中国の研究者の名前等に関しては、東洋大学の学生でフッサール研究に関心をもっている姚鎮鋒さんに調べていただきました。重ねて感謝したいと思います。

全般的に原著の意図を尊重しつつ、専門的な用語や表現については可能なかぎり日本語としての適切さを考慮して訳出しました。しかしながら解釈の違いや誤訳などが含まれることもあるかもしれず、それらすべては訳者の責任によるものです。
最後に、翻訳書の出版、しかも技術哲学という本書の出版を快く引き受けていただいたのは晶文社の江坂祐輔さんでした。江坂さんは私の著書『絶滅へようこそ：「終わり」から始める哲学入門』（二〇二二）の編集を担当してくれた方です。本書への解説文を書いていて、先の拙書は私なりのポスト現象学的な技術哲学を展開したものでもあったのだなと何度も自覚することになりました。そのような機会を与えたいただいた江坂さんに心より感謝を申し上げたいと思います。ありがとうございました。

二〇二五年二月末日

訳者を代表して　稲垣　諭

[な]

[は]

索引

[著者について] **ドン・アイディ** Don Ihde
1934年1月14日生−2024年1月17日没。アメリカの技術哲学者であり、ポスト現象学の提唱者。ニューヨーク州立大学ストーニーブルック校で43年間教鞭を執る。著書『Technics and Praxis』(1979年)は、北米における技術哲学の最初の主要な作品とされる。主な著作に『Listening and Voice: Phenomenologies of Sound』(1976年)、『Technology and the Lifeworld』(1990年)など多数。

[訳者について] **稲垣諭**(いながき・さとし)
青山学院大学公法学科卒、東洋大学大学院文学研究科哲学専攻博士後期課程修了。文学博士。自治医科大学総合教育部門(哲学)教授を経て、現在、東洋大学文学部哲学科教授。専門は現象学、環境哲学、リハビリテーションの科学哲学。著書に『衝動の現象学』(知泉書館)、『壊れながら立ち上がり続ける——個の変容の哲学』(青土社)、『絶滅へようこそ 「終わり」からはじめる哲学入門』(晶文社)、『「くぐり抜け」の哲学』(講談社)など多数。

増田隼人(ますだ・はやと)
2020年に東洋大学大学院文学研究科哲学専攻博士後期課程を修了(文学博士)。東洋大学および富士リハビリテーション大学校非常勤講師。専門は現象学、習慣論。直近の論文に「他者としての技術−ドン・アイディにおける人間と技術の関係」(『実存思想論集 第40号』所収、知泉書館、2025年刊行予定)、翻訳にG・シュテンガー著「ヨーロッパの現象学に対する挑戦としての「自覚」とは」(『現象学 未来からの光芒』所収、河本英夫編、学芸みらい社、2021年)など。

沖原花音(おきはら・かのん)
現在、東洋大学大学院文学研究科哲学専攻博士後期課程在籍中。国立研究開発法人科学技術振興機構(JST)次世代研究者挑戦的研究プログラム研究学生。専門は現象学。直近の論文に「フッサールにおける注意の現象学(1)(2)」(東洋大学大学院紀要59、60)。

技《ぎ》術《じゅつ》哲《てつ》学《がく》入《にゅう》門《もん》——ポスト現象学とテクノサイエンス

2025年4月25日 初版

著者 **ドン・アイディ**

訳者 **稲垣諭・増田隼人・沖原花音**

発行者 **株式会社晶文社**
〒101-0051
東京都千代田区神田神保町1-11
電話 03-3518-4940(代表)・4942(編集)
URL https://www.shobunsha.co.jp

印刷・製本 **中央精版印刷株式会社**

ISBN978-4-7949-7470-9 Printed in Japan

好評発売中!

絶滅へようこそ◉稲垣諭
【すべてが「終わった」状態から考えるとすると、何が見えてくるだろうか】人間の視点を越えた視座、億年単位の宇宙を問題とする(当然すでに人類などというものもいない)、ある種「至高的な空間」から、「絶滅」を考えたとき見えてくるものとは。荒川修作の思想を系譜する気鋭の哲学者が「総合知としての哲学」を武器に、人類の未来を探究する。成田悠輔[イェール大学助教授]、磯野真穂[人類学者]、推薦。

道徳は進歩する◉ピーター・シンガー 著/矢島壮平 訳
倫理とはなにか? 謎を解く鍵はダーウィン進化論にある。家族や友人への思いやりは、やがて見知らぬ他人へ、さらに動物へと向かう――利他性が生物学的な起源を超えて普遍的な倫理へと拡張していくプロセスを鮮やかに描きだす現代倫理学の基本文献。日々の選択から地球規模の課題にいたるまで、よりよい世界を願うすべての人に。

新・動物の解放◉ピーター・シンガー 著/井上太一 訳
動物の権利運動の理論的基盤! 不滅の名著、30余年ぶりの全面改訂版を完全新訳。最新のデータと議論にもとづき本文の3分の2を書き換え、さらに気候変動や新型ウイルスなど新たなトピックを盛り込んで、21世紀の緊急課題に応える。【序論】ユヴァル・ノア・ハラリ(『サピエンス全史』)。

宇宙・動物・資本主義◉稲葉振一郎
人間とはいかなる存在か? AIや動物は? そして社会はどこへ向かうのか? 本書初出6本を含む白熱の対論12本! 哲学、倫理学、社会学、経済学、宇宙開発、ロボット工学、文芸批評、文化研究、SF、ファンタジー、コミック、アニメーション――現代日本が誇る不世出の社会哲学者・稲葉振一郎の膨大な仕事、広大な関心領域を一望のもとに収めた初の対談集。

利他・ケア・傷の倫理学◉近内悠太
大切にしているものが一人ひとりズレる社会で、善意を空転させることもなく、人を傷つけることもなく、生きていくにはどうしたらよいのか? 人と出会い直し、歩み直し、つながりを結び直すための、利他とは何か、ケアの本質とは何かについての哲学的考察。東浩紀、推薦。[好評、5刷]

水中の哲学者◉永井玲衣
「もっと普遍的で、美しくて、圧倒的な何か」それを追いかけ、海の中での潜水のごとく、ひとつのテーマについて皆が深く考える哲学対話。若き哲学研究者にして、哲学対話のファシリテーターによる、哲学のおもしろさ、不思議さ、世界のわからなさを伝える哲学エッセイ。さあ、あなたも哲学の海へダイブ! [大好評、20刷]